新网红品牌

王重 张驰 ◎ 著

© 王 重 张 驰 2021

图书在版编目（CIP）数据

新网红品牌 / 王重, 张驰著. — 大连：大连出版社，2021.6
ISBN 978-7-5505-1675-5

Ⅰ. ①新… Ⅱ. ①王… ②张… Ⅲ. ①网络营销—研究
Ⅳ. ①F713.36

中国版本图书馆CIP数据核字(2021)第091573号

XIN WANGHONG PINPAI
新 网 红 品 牌

出 版 人：刘明辉
策划编辑：张 斌 杜 鑫
责任编辑：张 斌
助理编辑：杜 鑫
封面设计：林 洋
责任校对：金 琦
责任印制：温天悦

出版发行者：大连出版社
地　　址：大连市高新园区亿阳路6号三丰大厦A座18层
邮　　编：116023
电　　话：0411-83621171 / 83621075
传　　真：0411-83610391
网　　址：http://www.dbjsj.com
　　　　　http://www.dlmpm.com
邮　　箱：dlcbshxetwxb@sina.com
印 刷 者：大连金华光彩色印刷有限公司
经 销 者：各地新华书店

幅面尺寸：170 mm × 230 mm
印　　张：15
字　　数：170千字
出版时间：2021年6月第1版
印刷时间：2021年6月第1次印刷
书　　号：ISBN 978-7-5505-1675-5
定　　价：68.00元

版权所有　侵权必究
如有印装质量问题，请与印厂联系调换。电话：0411-85809575

序言

谁能直面消费者，谁就会赢得未来的竞争

斯宾塞·约翰逊在他的畅销书《谁动了我的奶酪》中曾经说过，"唯一不变的是变化本身"，这句话是非常符合当下的创业者所面临的实际情况的。近几年来，随着新技术的不断创新，中国的互联网产业、零售产业都有了翻天覆地的变化，几乎每年都有一个新主题。这对创业者提出了新的要求——必须有能力时时刻刻去适应新的环境变化。我们可以引申一下约翰逊的话，商业环境时时刻刻都在变化，唯一不变的，就是创业者必须要适应变化。

但变化并不是毫无规律的，商业环境，尤其是零售环境的发展变化，更多的是产品、传播、渠道和消费者等关键因素在不同业态下的重新组合。传统的大流通市场更偏重于渠道，而今天的直播带货更偏重于

传播和消费者。这种变化并不是凌乱的，而是有迹可循的。了解过去发生了什么对我们很重要，了解过去为什么会发生那些事情对我们来说更重要，因为只有把重点放在"规律"而非"事实"之上，才能更好地预知未来。

基于改革开放四十多年的发展历程，未来的零售会发展成为什么样子？在物联网技术和VR（虚拟现实）技术大规模商用之前，我们可以有一个基本的判断。电商平台、短视频和直播是暂时的"终局工具"，企业直接面对消费者，而非通过代理商进行零售的可行性越来越大，因此，TO C（面向消费者）的能力将成为一个终局能力。有能力直接向终端消费者销售产品的企业，不需要再向渠道支付费用，会有更多的钱花在产品研发和传播上，因此性价比更高的产品会出现，更多的消费者就会买单。这种企业一定首先成为行业的黑马，然后逐渐地进化成为行业龙头。

一句话，谁能直面消费者，谁就会赢得未来的竞争。

这就是在未来会发生的事情，花西子等新网红品牌已经很好地向我们证明，直接面对C（消费者）端销售的爆发力有多大。当然，直接面对C端销售并不是一句话就可以做到的，需要对当下的零售环境、流量环境，对产品，对成本结构，对传播等方方面面有极为深刻的理解才能做到。

我们致力于给创业者一个全新的方法论体系，《新网红品牌》是一本教科书，完整地阐述了应该如何在新的零售环境下构建一个全新

New Internet Original Brand

新消费品牌月销千万的核心密码

新网红品牌

王重 张驰 ○著

○ 新产品
○ 新消费
○ 新零售

大连出版社
DALIAN PUBLISHING HOUSE

的直面消费者的系统逻辑。这本书从发展趋势、流量特征、工具选择、产品规划和推广工具等方面详细讲述了直接面对消费者的新网红品牌的零售方式的具体构建办法，并给出了在关键节点解决具体问题的应用模型。相信你读完这本书之后，会对新零售、新品牌有完全不同的认知。

这本书适合三类人群阅读，首先是传统企业从业者。传统企业转型为什么这么难？是因为传统企业对营销、对零售的认知，阻碍了其在新世界发展的空间。如果你还是"招商思维"，离开代理商不能活，那未来一定没有你的空间。传统企业具备无可比拟的供应链优势，只要思维能打通，依然可以持续发光发热。

其次是需要转型的传统电商从业者和微商从业者。坦白讲，虽然电商是一个新行业，但真正懂营销、懂品牌的电商人并不多。绝大多数电商人都是"流量思维"，但未来如果你还是"流量思维"，就一定会陷入残酷的价格竞争，因为流量越来越贵，获得流量越来越难，想要转化就越来越依赖价格。新传播是电商人的新世界，了解清楚新传播，弄清楚新的流量分配方式和新的流量货币，将会给电商人带来更多的发展空间。

最后，也是最重要的，这本书特别适合广大个体创业者阅读，作为你开始新零售的第一本教科书。上学的时候我们都明白一个道理，如果你整天不去上课，最后直接去考试，能考一个好成绩吗？但今天中国创业者的现状基本都是不去上课，直接去考试，这也是为什么我们的创业几乎都是九死一生，成功率极低的主要原因。

读完这本书，你会对零售、对营销有一个全新的认识，"网红品牌"更多地是一种思维，是一种在新的零售环境下如何构建销售结构的系统思维，如果你能深刻理解这种思维下的品牌逻辑、产品逻辑和推广逻辑，那你的创业成功概率就会有大幅度的提升。

《易经》上说"书不尽言，言不尽意"。篇幅有限，我们很难能够把每一个关键点都讲得面面俱到。营销工作更大程度上还是要去躬身实践，我们能给到的是一套系统的方法论，这套方法论可能很难让你做到几十亿这种现象级的规模，但一定可以让你有明确的目标和方向，让你少犯错误甚至不犯错误。也欢迎你把实践中面临的具体问题反馈给我们，你的参与，也是我们继续前进的重要动力。

希望这本书会成为你新零售的新起点！

王重　张驰

2021 年 4 月于大连

目　录

开篇语：大江东去，浪淘尽，风云激荡三五年

全景扫描：这是新品牌成长最好的时代 / 002

趋势篇：重新定义未来五年新零售

发展趋势：中国商业零售四十年发展进程 / 019

认知趋势：为什么传统企业做不好新零售？ / 026

产品趋势：从劣币驱逐良币到良币驱逐劣币 / 031

模式趋势：全网系统突破，建立全新体系 / 037

分析篇：后社交时代，看个体创业发展

动销是检验商业模式的唯一标准 / 044

新的流量会成为社交电商的救命稻草吗？ / 055

社交电商还有没有未来，未来在哪里？ / 061

势能篇：未来所有的品牌都应该是网红品牌

新消费与网红品牌 / 070

未来所有的品牌都应该是网红品牌 / 075

新网红品牌四个核心要素 / 081

流量篇：新营销环境下的流量货币论

新流量货币与营销模式构建 / 088

网红品牌不做商业流寇 / 096

2021年的流量发生了哪些变化？ / 101

基因篇：流量基因与营销思维统筹

流量思维和营销思维的博弈 / 108

从流量基因到营销结构 / 113

品牌与产品篇：良币驱逐劣币的产品逻辑

网红品牌应该卖什么样的产品？ / 120

我们应该构建一个什么样的品牌？ / 125

什么样的产品让人一看就想买？ / 132

推广篇：借助新媒体，实现全域推广

短视频平台推广基本概论 / 144

什么样的爆款内容最能带货？/ 149

如何能够让短视频火起来？/ 154

巧用DOU+，四两拨千斤 / 161

直播篇：精准定位直播，功效事半功倍

应该用什么视角去看待直播电商？/ 167

品牌向左，销量向右 / 173

直播电商向两极 / 179

电商运营篇：只有电商爆，才是真正的爆

只有电商能保护住品牌附加值 / 188

打造超级店铺，承载全网势能 / 195

数字化篇：数字化，给零售插上效率的翅膀

我们该用什么姿态看数字零售？/ 203

个体创业篇：个体创业进化论

个体创业与网红品牌 / 211

私域流量与公域流量 / 218

个人IP的增长飞轮 / 224

开篇语

大江东去,浪淘尽,
风云激荡三五年

 新网红品牌

全景扫描：这是新品牌成长最好的时代

从 2014 年开始，中国零售业市场进入了变化最快、各种冲突最激烈的几年。平台电商、移动电商、社交电商、内容电商、直播电商都有很多高光时刻，涌现出不少成功的案例。当然，这些电商的商业模式，除了以微商为代表的社交电商的商业模式之外，其他的商业模式基本上都是以计算最后的 ROI（投入产出比）作为主要营销业绩的评估标准，因此，未来 ROI 会成为企业营销业绩的核心指标。这也就意味着，未来的新零售、新商业将可以实现相当大程度的使用数字化去呈现。

当然，不同的商业模式对 ROI 的要求是不一样的，计算 ROI 的维度也不一样。但无论如何，能够计算 ROI，就是一个天然的数字化进程。也就是说，中国零售，已经真正从以深度分销为代表的"管理效益"阶段，过渡到以 ROI 为代表的"数字效益"阶段。这也就意味着没有数字化能力的企业在不久的将来就会进入落幕的舞台。

"纸上得来终觉浅，绝知此事要躬行。"我们在全面跟踪中国新零售领域超过六年的时间，看过了这个领域的花开花落、风起云涌后，深度研究了十几个成功案例，并结合十余年的商业零售研究经验，才敢尝试写这本书。没有调查就没有发言权，没有和行业一起成长，就

开篇语： 大江东去，浪淘尽，风云激荡三五年

不会清楚地知道新零售行业到底有什么样的变化，这些变化能够让我们产生怎样的思考，而这些思考又能让我们对未来产生哪些期望，这些问题的答案都是需要不断在实践中获得的。

我们尝试在不断地探索和实践中获得真知，但这两年随着营销环境的变化，确实也有一些新的发展超过了传统零售理论支撑的范畴。举个例子，2020年，直播带货带来了巨大的市场增量，作为企业品牌方，应该从什么角度来看待这些增量，而在这些增量中，哪些是真正的市场机会，哪些是确实的品牌增值，抑或哪些是没有意义的虚假繁荣，都要有能力分辨清楚。

尽管每一个传统企业都想尽快实现互联网转型，但绝大多数传统企业并不能很好地适应今天整个移动互联网发展所带来的技术变革与零售形态的变迁。因此，在未来的营销实践中，我们一定要有能力搞懂品牌、流量、零售、人的相互作用关系，这样才能真正收放自如。因为只有明白了这些道理，我们才能够跟得上现在的这些概念，才能够弄懂诸如网红和网红品牌的区别、社区电商和社群电商的区别，知道每个流量端口的基础特征，明白流量和零售到底是如何相互作用的。我们才能真正有机会构建全新的属于这个时代的品牌。

这本书定名为《新网红品牌》，是因为我们通过不断的营销实践发现，未来品牌的生长方式和传统品牌的生长方式已经产生了本质的变化。"网红"不仅仅是一种现象，还是一种思想，更是一种全新的商业形态。因此，只有有能力在如今多维度、多角度的互联网传播环

境下，以各种零售平台为基础，在全网全域构建一个新生品牌，才有能力在未来的竞争中胜出。

但即便如此，我们依然可以这样说，这是新品牌成长的最好时代，因为只有在这样的新时代，才能让创新者、奋斗者充满新的机遇，让中国零售业有一个全面破局的机会，才能让更多的企业有更好的机会冲出重围。

1. 零售渠道特征变化是催生新品牌生长的第一动力

品牌是如何产生的？可以这样说，对于绝大多数消费品来说，品牌一定是生长在渠道之上的。换而言之，有什么样的渠道条件，就会生长出什么样的品牌。我们没办法要求在农村集市上长出来美特斯邦威这种品牌，我们也不可能要求小米这种品牌生长在电脑科技市场上。准确地说，任何一个品牌的产生，都是这个产品本身适应渠道特征的最终呈现，再加上适度的品宣工作，品牌就基本宣告成立。

在过去的四十多年里，我们的渠道结构发生了哪些变化呢？从1978年改革开放开始，中国的零售市场从计划经济过渡到商品经济。这个过程中，每一次零售基础设施和工具的升级，都会对应相应的零售业态和组织形式发生巨大的变化。而商业零售本身也在经历一个从粗放到精细、从业余到专业的过程。在这四十多年的时间里，中国的零售业出现了四个最有代表性的零售业态，并且在这些业态里成长出

开篇语: 大江东去，浪淘尽，风云激荡三五年

了相应的品牌。通过这些案例我们可以这样总结，渠道特征的变化，才是催生新品牌生长的第一动力。

模式一：大流通

各地的批发市场在今天来看已经成了低端市场、低端产品的代名词，但在三十年前，这里却是最风光的地方。大流通市场是改革开放之后第一个基础设施，这个基础设施的条件基本上就是基于各地的各种各样、各行各业的批发市场。分销商从省城的批发市场进货，转而分销到全省的各个地方。可以说，批发市场就是中国零售大流通时代的起点。

"大流通"的好光景有十几年，很多人赚得盆满钵满。需要特别指出的是，<u>能够在各地批发市场做生意这件事情几乎没有门槛</u>，因此<u>社会资源壁垒就成了关键</u>。能够获取这些资源的人，就成为享受零售产业发展红利的第一批人。

【典型企业】

目前大流通、批发市场这种零售业态在电商的冲击和深度分销的冲击之下日渐凋敝，绝大多数大流通的品牌企业我们基本上看不到了。这也正好印证了我们经常说的，品牌的生命周期多半会随着渠道的生命周期的完结而完结。今天大流通市场已经是低端和廉价的代名词，在这样的环境里，又怎么可能生长出新的品牌呢？

模式二：KA 卖场（大型商超）

沃尔玛、家乐福等一批国外零售企业来到中国之后，催生了中国 KA 卖场业态的成长。KA 卖场体系的建立，让方圆几公里之内的居民成了 KA 卖场的流量，极大地打击了这些社区内部的零售店面。巅峰时期，某些大型的 KA 卖场拥有自己的好几条会员车线路，用来接送来店顾客。

<u>KA 卖场这种大型商业终端，第一次展示了方圆几公里的流量一旦中心化有多么可怕。中国零售第二代基础设施——KA 卖场模式宣告成立，并且迅速成了稀缺的零售基础设施资源。更为重要的是，这种资源是开放竞争的，你不再需要一些社会资源去参与竞争。</u>

在这个阶段，卖场的资源就成为决定营销成败的关键。卖场要求的产品质量和营销费用如果得到满足，就可以取得营销的成功，因此，产品迅速成了决定营销结果的核心要素之一，卖场内资源更成了关键因素。

对于很多品牌来讲，如何在这种商业环境中形成良好的品牌效应，让大家持续购买，就成了这个阶段的核心问题。于是，一套以品牌定位、广告传播、卖场拉动为内容的体系逐渐形成，这是很多消费品品牌突破的营销第一课。

【典型企业】

从 KA 卖场走出来的全国性品牌、区域性品牌非常多。无论是像三全、思念这种高度依赖 KA 卖场冷链陈列的企业，还是像金龙鱼、胡姬花、中粮这种百姓必备品品牌，对 KA 卖场资源的依赖程度都非常高。因此，

开篇语：大江东去，浪淘尽，风云激荡三五年

争夺 KA 卖场资源一直是他们营销的重点工作。在一定的时间范围内，KA 卖场的铺市率、周转率、营销成果会直接决定很多品牌的品牌价值。这也再一次证明，品牌一定是生长在渠道形态之上的。

模式三：深度分销

KA 渠道虽然销量很大，但由于便利性不够好，竞争也过于激烈，因此，很多品牌就把营销的重点从 KA 卖场转移到了零售终端店面。深度分销模式应运而生，成为第三代零售基础设施。相对于 KA 卖场，终端店面更接近消费者，虽然没有 KA 卖场提供的产品那么全面，但却是某些品类（饮料、酒水、乳制品）最好的空间。

深度分销模式已经是终端店面竞争的终局，品牌方已通过一套合理的管理体系，让所有的可被占有的零售资源（终端、货架、人等）成了一套可被管理的体系，进而通过精细化的运营带来效益。终端资源和 KA 卖场资源一样，也是稀缺的，如果有能力控制住这些稀缺资源，就意味着有能力把产品卖出去，更意味着有能力建立品牌，毕竟终端店面是距离消费者最近的舞台。

【典型企业】

深度分销的典型企业就非常多了，其中比较有代表性的就是酒类品牌，白酒几乎瓜分了超市的门头，啤酒则牢牢地控制了绝大多数餐饮店和烧烤摊的店面。我们可以看到标准的陈列、标准的店招，甚至在很多店面里，厂家派驻的导购员也是一道亮丽的风景线。

在这里有一个企业要特别说一下，很多人说江小白是互联网企业。但江小白的深度分销功夫也十分了得，几乎已经到了"令人发指"的程度。我们在很多非常不起眼的小饭店都可以看到江小白的陈列。如果说江小白的内容能力给它提供了源源不断的话题流量，那么深度分销才是江小白销量的真正来源。

模式四：传统电商

现在，电商已经可以被定义为传统渠道了。从 2003 年 5 月淘宝上线开始，平台电商也经过了十八年的发展，已经非常的成熟。对于早期的平台电商来说，同样也是占据了一个中心化的流量资源。因此，我们可以理解为淘宝就是一个巨大的零售市场，而天猫就是超级的大型卖场。决定企业生存的依然是企业对这种零售设施的资源占有能力，只不过交易方式发生了比较大的变化而已。电商是第四代零售基础设施，从此开始，技术革新就成了关键的因素。

【典型企业】

传统电商诞生的经典企业也非常多，服装类的韩都衣舍、零食类的三只松鼠，都是这方面的典范代表。

在中国零售业发展的四十多年里，大流通、大卖场、零售终端所占据的基础设施，是物理的、可见的基础设施，而传统电商所占据的，是基于互联网的零售设施。有了这些基础设施，零售工作就可以顺利开展，继而品牌就可以顺利地在渠道的土壤上生长。

开篇语：大江东去，浪淘尽，风云激荡三五年

2. 新品牌面临着新形势

从 2015 年开始，中国零售进入了全新的阶段，主要原因是基于支付工具、社交工具与传播工具的全面链接，让很多社交软件和传播渠道都具备了零售的功能。

所以，现在是个什么时代？是一个零售无处不在的时代，新的零售方式有很多。我们举个例子来看，因为支付工具和社交工具的交互，会产生一个全新的商业形式，叫作"社群电商"。社群电商，顾名思义，就是在社交工具的基础上建立一个一个群，并在这些群里产生交易。那么问题来了，这样一个一个群可以被定义成渠道吗？如果这是渠道，那这种渠道能不能生长出来全新的品牌？如果可以，这些品牌又应该长成什么样子呢？

做过社群电商的人都知道，这种零售方式非常操心，因为这种渠道构建方式并不是基于物理、地理存在的，也不是像传统电商基于中心化流量平台的。而对于社群来说，它的流量源点是群主个人，<u>而个人开发流量的能力一定是不均衡的，也一定是有天花板的，或者说开发流量的能力和这个人的努力程度有巨大的关系</u>。从这个角度来说，这种零售结构的稳定性非常差。

所以，我们很难从渠道的角度来定义社群电商这种零售方式。即便如此，社群电商依然是一种可以直接面对消费者的方式，依然是有非常好的领先型的商业形态，这就是今天我们必须面对的。

从这个角度来看，微商、社群电商、社区电商、直播电商、内容电商这几种形式，已经要统统归结为"零售工具"。从社群电商的案例出发，我们发现品牌已经很难再固定占有这些零售场景，已经不能通过一个固定的"场景终端"来影响那些相对固定的人群。在这样的环境下，品牌又应该如何生长呢？

在未来，新品牌再去占据那些非常重的"渠道资产"就显得意义不大。对于未来的新品牌来讲，一定要抛弃"渠道思维"，要直接建立"零售思维"。因为单独的渠道已经很难全部占据，而直接面对重点去零售，已经成为未来发展的主要趋势。随着互联网技术的不断发展，未来的零售工具一定是可以直接一步面向消费者的。比拼对于这些新工具的熟悉程度以及在这种环境下的 ROI 水平，才是新企业应该考虑的最重要的问题。

毫不客气地说，在 5G 技术大规模商用之后的几年里，基于微信的社交生态，基于阿里系的零售生态，基于头条系、快手、B 站的短视频生态，将成为最终格局，很难再有更新的商业形式出现。这就是我们今天所面对的基础环境。对于企业来说，能不能用好这些工具，适应这些工具的基本营销特征，就是未来营销的胜负手，也是未来在这种生态下成长起来的新品牌的关键。

单纯讲这些理论可能有些空洞，举个例子来说，如果不是这些工具的出现，我们是很难能够看到花西子、海洋之风、元气森林、完美日记等一系列新产品、新品牌、新企业出现的，我们同样也很难看到像邹小和、李子柒这种独立 IP 也可以有很好的营销表现。这就是新工具的力量。至于这个原因和方法论，开篇语中不再详细讨论，在后边的内容中，我们会详细地讨论这些新产品、新品牌、新企业的核心密码。

我们还要强调一点，对于未来的新企业来说，品牌和销量只是最终营销结果的呈现。而作为承载企业行为的企业组织，也一定要能够跟上新工具、新基础设施的要求。从 2014 年到 2020 年是中国零售市场变化最大的几年，在这几年里，新零售市场已经进入基础设施相对稳定的阶段。这也同样要求新品牌一定要有能够匹配新环境的新组织。

我们也可以看到，从大流通的社会性壁垒到深度分销的市场化竞争，实际上也在一步一步地推动企业的营销进步。在大流通时代，只要能占领这个市场上的铺面，就有钱可以赚；而在深度分销体系中，我们已经需要竞争组织能力、竞争市场能力，因此也就产生了只会招商的企业根本做不起来这样的普遍现象。只会招商的企业根本就没有终端控制能力，这肯定是不能适应时代对企业的要求的。

同理，这一波零售基础设施的改变，同样也会带来新的组织革命，这个革命的关键点在哪里？给我们提出了什么不一样的要求？这都是需要企业不断去探索的新问题。

3. 2021 年以后，要认清流量本质才能获得成功

对于新品牌来说，我们同样需要探索流量和零售的关系。尤其是

新网红品牌

移动互联网时代，仿佛只要解决了流量的问题，就能治一切零售的病。而对于新品牌来说，我们需要强调，认清了流量的本质，才能让我们在这场新的革命中看清自己，不走弯路。

现在绝大多数企业的认知是，只要有流量，就能治百病，只要有流量，就要想办法去变现。所以，流量和零售是可以直接转化的。这话对吗？可能对，也可能不对。在流量的红利期，这样说是有道理的，因为红利期的竞争很难涉及效率，而今天几乎所有平台都没有流量的红利了，我们应该怎么办？

我们首先要明白一个问题，到底什么是流量？我们可能要在这里提出一个关于流量的深度思考。一般意义上所说的流量，是一个不太精确的伪概念。流量就是UV（独立访客）吗？这是大多数人的笼统理解。但事实上，精确一点说，<u>流量应该是在互联网平台上，用户有购买需求的一个动作和与产品最终见面的一个营销链路，也就是我们常说的精准流量</u>。

京东、淘宝、天猫面对的是直接的购买需求，所以这些平台的UV我们可以直接把其叫作流量。而短视频、直播平台上，因为人流的第一目的并不是购物，所以我们并不能把其当作流量，而是要通过一系列动作，使之转化成流量，才会对短视频营销、内容营销更有意义。我们更希望能够从链路的角度来理解流量，因为无论流量怎么争夺，争的都是手里拿着手机的那个人，而那个人是直接购买，还是通过娱乐平台的转化购买，才是真正决定营销成败的关键。

开篇语: 大江东去,浪淘尽,风云激荡三五年

我们在这里想做一个类比,来说明流量和零售到底有什么关系。同样都是个人背书,这就非常像传统零售时期的明星代言。我们都知道,明星代言也不是都能够成功,<u>这里的关键就是产品本身的风格和明星的风格是不是很贴近,只有风格贴近,明星才有机会给产品赋能,提升附加值,从而卖出更高的价格。</u>于是我们会看到强如周杰伦这样的顶级明星,也并不是没有翻车的可能,他代言的动感地带、美特斯邦威是成功的,因为这些品牌都和他本身的风格匹配,而他代言的电动车品牌、卫浴橱柜品牌就不那么成功,因为这种风格匹配没办法做这种所谓的价值让渡。

同样的道理一样适用于当下的网红主播,我们可以看到,理然、海洋之风找罗永浩带货,尤其是<u>罗永浩的直播形成常态,他本身进化成一个好物推荐官的 IP 之后,这些企业所诉求的核心并不是罗永浩能够给他们带多少货,而在于他们希望能够通过罗永浩的知名度,让消费者正确地认识他们产品的价值。</u>因此,罗永浩现在的带货数据并不好,但这并不能阻止企业依然前赴后继。

我们应该理性地看到,即便是罗永浩给海洋之风带货的实际数据并没有那么好,但海洋之风依然在罗永浩带货之后迎来了跨越式增长,并且让消费者更加坚定了它 68 元的定价,而理然通过罗永浩压箱底的推荐之后,天猫、京东平台的增长几乎是指数级的。我们必须理性地看待这个问题,因为他们的增长,都是在平台电商,都是天猫、京东的增长。

而对于中小主播来说，他们自身并没有这种价值提升的能力，这就成了一个很关键的失败的因素。中小主播甚至很多明星主播并没有给产品赋能的能力。对于中小主播来说，压榨品牌方和供应链就只能是他们唯一的选择，因为不压榨品牌方，他们就没有钱可以赚。

几乎所有的中小主播的出发点都是粉丝福利，都是取悦粉丝，因为只有帮助粉丝买到性价比更高的产品，他们的带货才有实际性的意义。这种压榨只会在库存清理时比较有意义，大多数的情况，尤其是涉及正品销售和新品上市的时候，会让很多品牌方痛不欲生。不做吧，大家都在做；做吧，对价格的伤害太大，而且永无翻身的可能性。这就是头部主播和中小主播最大的区别。

直播带货，可以选择罗永浩，也可以选择很多腰部主播，而这两种方式效果千差万别，这就是因为营销链路的区别所带来的根本性差异。我们尝试用这个角度解读流量和零售的关系，直播带货、短视频带货如此，很多流量其实也是如此，但无论怎么样，认清了流量本身就是零售链路的一种表现形式，就会给我们带来更多的启发。

4. 应该如何看待新环境下网红品牌的建立？

如何在新的环境下建立全新的品牌，从而能保护住品牌附加值，是本书要讨论的最核心的问题。

首先，网红品牌肯定不是网红，网红更多地是一种基于个人人设

开篇语： 大江东去，浪淘尽，风云激荡三五年

的现象，而网红品牌则是一种以全新的生长方式发展起来的产品品牌。网红品牌大概率上不可能是基于任何人设搭建起来的产品品牌，基于人设搭建起来的产品品牌只可能存在于某些特定的环境下，例如李子柒、邹小和这种商业形态，而就最近几个月的发展来看，李子柒的发展势头已经明显有了天花板，邹小和也遇到了同样的问题。从另外一个角度来说，基于人设搭建的产品品牌，人设一旦出现问题，那对整个品牌将是毁灭性的打击，这种模式对于大手笔的商业零售来说显然风险太高，并不可取。

大概率上来讲，全新的网红品牌的基本方法论，也将会像传统品牌基本方法论一样，是一套完整的、基于目前营销环境的整体逻辑。对于网红品牌来说，拥有完美的产品一定是第一步，我们可以看到，海洋之风、花西子、完美日记，这类品牌都有自己非常核心的产品，海洋之风切入了益生菌牙膏市场，花西子则是国潮美妆，这都是非常好的，是非常精准的细分品类的操作方式。

其次，网红品牌一定是属于全网的，评价网红品牌是否成功，首要标准就是在天猫和京东上是否成功，因为只有天猫和京东才有真正的购买流量，并且以目前的商业环境来看，也只有天猫、京东才能真正让网红品牌构建高附加值，得到更高的价格空间。

为什么会出现这样的情况？道理也很简单，因为高附加值一定是要对比才能产生的，没有对比谈什么高附加值，而对比一定是支持"人找货"的搜索模式。短视频平台这种货找人的方式本质上就是冲动消费，

用商业语言描述就是"促销",几乎没有提升附加值的可能性。

最后,网红品牌一定是要以全网的逻辑去思考,而不是在某一些单独平台上做文章。短视频平台有短视频平台的好处,它能迅速让产品触达消费者。电商平台有电商平台的好处,它能建设一套最好的交易呈现体系,让销量不断积累,持续给消费者信心,不断在这个过程中积累价值,积累客户,积累复购,而这种积累才是品牌成功的关键。

所以还是那句话,我们必须清楚地知道每一个平台的流量价值,只有这样,才能有的放矢、游刃有余。短视频、直播平台是没办法直接增加附加值的,但如果发挥其传播优势,发挥其能够让用户体验的方式(平台电商想做到这个是很难的),是不是一个思路?如果这样的话,整个营销体系又应该如何布局?这也将是本书讨论的主要内容。

"大江东去,浪淘尽,风云激荡三五年",我们写下这样的标题,是因为近年来整个商业环境变化实在是太快了,快得让很多企业根本跟不上节奏。微商还没结束,社群电商就来了,社群电商还没玩明白,社区团购又来了,社区团购刚开始尝试,直播电商又来了,我们到底应该干什么?

古人云:"临渊羡鱼,不如退而结网。"与其研究干什么,不如好好地研究各个平台能够在自己的营销体系中扮演什么角色。研究每个零售工具的营销特征,就是"退而结网"的过程。只有把网结结实了,才能更好地在新商业环境下取得优异的成绩。本书尝试把新商业

开篇语: 大江东去,浪淘尽,风云激荡三五年

环境下的各种工具特征、品牌方法论、产品方法论统筹到一个完整的体系里去陈述,就是希望广大读者对新的营销环境有一个整体的认知,能够看清目标,认清终局,不做商业流寇,从而取得更好的成绩。

希望这本书是你新零售的新起点。

趋势篇

重新定义未来五年新零售

发展趋势：中国商业零售四十年发展进程

要解读中国的新零售，那就必须要解读中国的商业零售发展历程。中国的新零售是中国商业零售不断向前发展的时代产物，是商业零售和当下环境结合的必然呈现。单独谈论新零售和电子商务是空洞的，新零售绝对不是因为技术的提升而产生的独立的商业形态，我们必须把新零售融入中国商业零售发展历程中，才能看到商业发展进程和新零售的相互影响和相互塑造。

我们来回顾一下改革开放四十多年来中国商业零售的发展历程，同时也是整个中国零售业营销水平的进步过程，寻找中国商业零售变化发展的动态规律。

1. 零售 1.0 时代：粗犷的商品流通时代

新中国成立之后，全国范围内开始组建百货商店，到 1957 年，供销合作社在全国形成了全国性流通网络。1957 年到 1977 年，被称为中国的"票证时代"。百货商店的职能除了提供商品和服务外，更多的是计划经济时期资源分配的平台。

由于零售是与百姓生活息息相关的，因此改革开放的早期并没有给零售业带来什么大变化。直到20世纪90年代，中国的零售业主要还是以国有大型百货为主体的单一业态。但到了90年代中后期，商品流通开始变得繁荣，越来越多的民营门市部、市场开始兴起，中国的商业零售进入市场化的启蒙期。

【营销模式发展】

在这个阶段，由于信息的高度闭塞，供需关系出现了严重的不平衡。很多人在找销售渠道，更多的人在找产品。因此在这个时候，全国性的信息平台，比如央视广告，比如全国糖酒会、美博会就会在营销工作中起到决定性的作用。

再加上当时的物流、交通不发达，很难实现营销上的精细化管理。总体来说，这是一个粗犷的时代，对于厂家来说，搞定代理商就意味着基本可以搞定销售，因此几乎所有的厂家都在央视和糖酒会上铆足了劲。当然，在这个时代也诞生了诸如"秦池神话"等一系列的营销奇迹。

2. 零售2.0时代：流通渠道、超级卖场、终端门店

20世纪80年代中期，"超级卖场"的零售业态引入中国。1991年，上海联华超市的创办标志着我国零售业进入了新的发展时期。1992年，

允许外资零售企业进入中国零售领域后，逐渐形成了百货商店、超市、便利店、专卖店等多种业态并存的格局。

【营销模式发展】

这个阶段是中国零售体系发展最快速，也是变革最快的时代。从"渠道为王"到"深度分销"，再到"决胜终端"，每一个阶段都带着极强的管理色彩，中国零售开始从粗犷的分销模式走向精细的市场运作模式。

在这个时期，仅有央视品牌和诸如糖酒会、美博会的大曝光已经不够了，必须要精细化地去做渠道客户的运营管理。大型卖场要懂得如何去运作，深度分销更是将分销体系一步建设到了县城，而决胜终端则是厂家在零售最后的战场上的决战。中国的企业和国际品牌在各大卖场、门店、终端短兵相接，杀得火热。在这个过程中，很多中国企业的专业能力获得了大幅度提升，也赢得了不错的市场空间。

在这个阶段，还有一件更重要的事情。虽然渠道展示产品的能力并没有那么丰富，但这个阶段消费者可以根据自己的喜好自主选择产品了，也就意味着渠道的力量在进一步降低。对于厂家来说，光研究代理商已经不灵了，必须还要研究消费者的行为习惯、购买习惯。虽然渠道还起着举足轻重的作用，但越来越多的厂商已经开始研究消费者，这是TO C零售的重要开端。

3. 零售 3.0 时代：高度融合电子商务时代

2003 年淘宝成立，中国进入电子商务时代。2004 年支付宝上线，全面解决了线上零售闭环的问题，在之后的几年时间，其他电商品牌也开始崛起，逐渐形成了 B2C（企业与个人之间的电子商务模式）、C2C（个人与个人之间的电子商务模式）、O2O（线下与线上结合的商务模式）等多种电子商务形式并存的局面。网上订货、电子支付、送货到家，移动化与无钞化逐渐成为国人的日常。

2016 年 10 月，马云率先提出了"新零售"概念。2017 年 6 月，盒马鲜生北京首店开业，新零售时代拉开序幕。随后，刘强东提出无界零售，京东也加大了线上线下的全面布局。2017 年作为中国线上线下融合的实践年，在消费升级以及数据驱动的大背景下，中国网络零售市场势不可挡。2017 年，中国网络零售市场规模突破 6 万亿元，在社会消费品零售总额中占比达到 16.4%，同比增长 29.6%，增长十分迅速。

2017 年，在线下商超消费过的用户占比高达 93.4%，其中大型超市是最主要的零售场景，通过线上零售渠道进行过消费的用户占比达 79.5%，渗透率惊人。2017 年以来，生鲜电商市场发展迅速，平均每年保持 50% 以上的增长率，并且迅速洗牌。大量中小型生鲜电商或倒闭或被并购，阿里、京东等电商巨头入局，不断加码供应链及物流等基础建设投资，并带来了一系列创新模式，使得生鲜电商市场重振活力。

2018年以后，随着短视频的兴盛，短视频电商、内容电商、网红电商迎来发展的重大机遇，直播带货成为重要的零售方式，许多新媒体平台开通了电商功能，内容成为零售的重要流量入口。

【营销模式发展】

越来越多的营销方式开始大行其道，对于传统企业来说，这是一个非常困难的阶段，因为传统企业要不断地适应新的营销方式带来的变化。零售工具再也不像以前那样是由单一的物理渠道构成的，而是成了天网地网的结合。

在这个阶段，零售已经占据了相当大的比重，分销逐渐式微，几乎所有的分销场景已经很难再建立品牌，消费者的选择范围越来越大，购买的途径也越来越多。营销逐渐从B端（企业）让步到C端，中国营销进入新时代，急需新的方法论体系支撑新时代营销环境的变化。

4. 中国商业零售发展规律总结

纵观中国商业零售的发展历史，我们可以清楚地看到中国商业零售各个阶段的营销模式发生的变化。总体上来讲，这种变化基本上符合以下三个发展规律，这实际上就是一个产品和渠道不断博弈得到的结果，在这个过程中，品牌则根据产品和渠道的不断博弈，在不同阶段出现了不同的呈现方式。

规律 1：从粗犷到精细

商业零售四十多年的发展历程，从传统的大流通分销到通路精耕和深度分销，本身就是一个从粗犷到精细的过程。营销越精细，对营销团队的整体能力要求就越高，这是阻碍传统企业持续进步的主要原因。

规律 2：渠道的能力在大幅下降

渠道在营销体系中的话语权越来越弱。用户选择的空间越来越大，渠道资产已经从"核心资产"沦落为"重要资产"。产品不行，渠道再强大也没有作用。与此同时，渠道本身的流量能力也在明显下降，很多品牌渠道现在的流量质量已经严重下滑。

规律 3：从"分销"到"零售"

具备了零售的能力，就不用担心渠道的裹挟。由于很多产品在电商时代主要的销售场景发生了改变，这实际上提供了很多可以直接建立零售体系的机会。零售体系的建立，将成为考量企业营销能力是否成熟的一个关键标志。

5. 未来五年商业零售、营销模式趋势展望

我们了解了这三个发展规律，就可以结合当下的营销环境、营销

工具，预测一下未来五年商业零售的发展轨迹。未来五年商业零售业态的发展预测，实际上就是结合现在的整体环境，预测品牌、产品和渠道在未来五年会以什么样的形式展现。

趋势1：渠道越分散，越需要品牌能力

在未来，营销的渠道会越来越分散，无界零售无处不在。传统零售渠道，电商渠道，新媒体渠道，社区、社群渠道运营非常烦琐，每一个渠道都会有每一个渠道自身的营销特征，有适应这个渠道的产品。

对于厂家来说，渠道越是分散，就越要求有品牌能力来实现统一零售。而品牌能力则建立在品牌的底层逻辑和产品的基础上，所以，未来没有产品能力和品牌能力的企业将很难走远。

趋势2：全网融合，单一工具将很难走远

未来零售的关键是如何使用新工具建立一套全新的零售体系。目前技术的发展，已经对原有的品牌传播工具、渠道建设工具有了革命性的改进，并且很多技术都带来了流量红利。流量红利结束之后，应该认真地思考一下如何把所有的营销工具整合在一起，单一工具（微商、电商）很难走远。

趋势3：C端能力成为胜负手

分销体系已经很难再建立品牌了，著名营销管理专家刘春雄老师

在他的新营销体系中指出:"认知在 C 端,销量在 B 端。"清晰地说明了未来的零售体系和分销体系的关系。而 C 端是建立品牌最核心的战场,这个战场的结果直接决定了倒逼 B 端的能力。所以,未来 C 端的能力将成为考验企业最关键的胜负手。

要点总结

知道过去发生了什么很重要,但更重要的是,能够从过去发生的事情中总结经验,这样的话,就有更大的概率知道明天会发生什么。经验的作用并不是告诉你昨天干什么不对,而是指导你明天干什么对。

认知趋势:为什么传统企业做不好新零售?

在中国的商业零售从传统零售到新零售的转型过程中,有两个标志性的事件,第一个标志性事件是 2003 年淘宝上线,中国第一次出现了 C2C 的系统性平台,全民电商时代正式扬帆起航。第二个标志性事件是十年之后,微信开通了微信支付,微信平台实现了信息流、资金流、物流、客流的四流合一,彻底激发了全民创业的热情。

也正是基于此,从 2003 年到 2018 年,平台电商 C2C、平台电商 B2C、微商、社交电商、平台社交化、内容电商、社群电商、社区电商、短视频电商、直播电商,伴随着不同平台的出现,各种各样的电商业态层出不穷,并且每一种业态都有相当时间的红利期。

但令人遗憾的是,很少能有传统企业踩对风口,在这样的红利期快速发展。相反,我们看到的更多的是,各种业态原生的品牌迅速崛起。很多商业创业者通过在风口期的努力迅速逆袭,成功地向生产上游扩张。

1. 传统企业为什么踩不到红利的风口?

要探讨为什么传统企业没有踩到红利的风口,我们首先要知道传统企业的基本能力是什么。如果基本能力达不到,那么风口再大,和传统企业也没有什么关系。

传统企业发展基本上经历了三个阶段:大流通、深度分销和电子商务。在这三个阶段里,每一个阶段对传统企业的能力要求是不一样的。

在大流通时代,关键词是产品、运输、分销、资金、广告。传统企业只要有能力招到代理商,有足够的能力做广告,销量就是有保障的。到了深度分销时代,关键词是产品、服务、管理、KA 卖场、终端。这时候对传统企业的要求是要有精细化管理渠道的能力,能占据渠道,渠道就可以持续地贡献价值。广告的投放是辅助的,起到拉动销量的作用。

但到了电商时代,不一样了。电商是线上的,是看得见摸不着的,这个时候需要传统企业明白,诸如产品、电子商务、数据分析、人群画像、技术创新等关键词,这对传统企业的要求太高了,绝大多数传统企业不具备这个人才的储备和能力。

与此同时,营销操作也变得复杂起来,原来只需要做一些产品包装,拍个广告片,再做一些终端的物料,营销就可以开始干了。现在产品包装、详情页、视频、内容等一系列的东西,专业程度越来越高,并且还是全部飘在线上,已经完全超过了传统企业老板可以理解的范围。

所以,现在的现状是,运气好的、老板决心大的,会有不错的发展,除此之外,绝大多数传统企业的电商业务,都处于半死不活的状态。更不用说后来的新媒体电商和视频电商,难度就更大了。

2. 传统企业的核心渠道,人流断崖式下降

从传统零售到电子商务,到底哪些地方发生了变化呢?表面上看是技术的变化,但实质上却是整个渠道价值的变化。传统零售重在渠道,<u>但随着新工具的普及,渠道资产作为传统零售的核心资产,它的能力和产出每况愈下</u>。这也就是说,传统企业抓住的核心的东西,已经越来越不值钱了。要知道,传统零售几乎所有的成本体系、营销体系都是基于渠道体系设计出来的,一旦渠道能力下行,也就说明传统企业最为倚重的工具出了问题。

但现实就是如此,很多产品的主要销售场景已经从线下转移到了

线上,很多年轻人好几年没有去过超市,人越来越懒,能用互联网解决的问题就不再出门。

遇到这个问题怎么办?很多传统企业老板就想着做线上,做电商,但线上和电商,并不是拿着传统企业生产的产品直接去做的,因为<u>电商时代,成本的算法已经和传统零售完全不一样了,电商时代没有渠道费用,没有精细化渠道操作的管理成本,取而代之的是流量成本、线上推广成本</u>。也就是说,整个产品体系、成本体系都会有重大的调整。除此之外,从视觉的角度,电商产品和线下产品的区别也很大,线上产品更强调视觉,线下产品其实绝大多数企业是不太关注视觉呈现的。所以,寄希望于把原来生产的产品拿到网上去卖,这样的逻辑根本走不通。

3. 后半场的电商,两个血淋淋的现实

认知决定一切,因为认知产生差异,因为差异产生不一样的结果,传统企业如果不能清楚地认知到现在的现实状况,往后的路,只会越来越难走。

◎ 电子商务已经是传统渠道

从 2003 年开始算,电子商务也走过了十八个年头,电子商务已经是传统渠道了。它不再是创新渠道,所以今天我们已经没办法再用新

零售的视角去看电子商务。事实上，电子商务渠道在现在已经和流通渠道、KA 卖场并行成为中国商业零售的渠道构成。

很多时候，渠道的变革都是产品消费场景的变化，当老百姓更习惯于去超市一次性采购生活用品的时候，日用类产品的主力渠道就成了 KA 卖场。当白领更习惯于在便利店解决日常用品等的购买问题的时候，连锁终端就快速崛起。而现在，越来越多的产品的主要消费场景走到了线上，那就意味着电子商务已经成为商业零售渠道的重要组成部分。

◎ 老板的能力决定了企业对新世界的理解

中国传统企业的老板，基本上都是自己一路操心走过来的。但今天他会发现，自己已经操不上心了。为什么？因为已经看不懂了。<u>尽管很多人不愿意承认，但对于相当一部分企业来说，老板本身对新世界的理解能力，已经决定了这个企业未来的走向。</u>

传统企业是能够看得到、摸得着的，传统企业去搞代理商、去搞大卖场，无非就是产品和人情的问题。到了深度分销的时代，精细化管理的表格也是比较容易看懂的，可以跟上。

现在，已经是全部信息化的时代了，很多中国的消费品企业老板基本上已经很难跟上时代的节奏。电商干得好的老板，大多都是年轻人，如果不能找到合适的办法，接下来的路，注定不会太好走。

要点总结

从目前的情况来看，传统企业能成功转型的非常少，能够做到颠覆性营销创新的都是局外人。这说明了如果思维习惯了某一种固定的模式，还整天琢磨着经销商代理模式这一套，这样的境界是很难提升的，永远不会赶上新零售的红利。

产品趋势：从劣币驱逐良币到良币驱逐劣币

从传统零售到电商，再到新零售，整体的商业逻辑发生了极大的变化。我们都知道，传统零售和电商都是以抢占渠道为核心的商业逻辑，即便是强调终端动销的深度分销体系，也是嫁接在终端管理一套体系之上的，而任何渠道，包括终端、电商平台，都是中心化流量的商业环境。

在中心化流量的商业环境下，最关键的点就是要强调流量的转化率。获取流量并不容易，这就要求我们必须尽可能地提升从流量到业绩的转化。传统零售的终端动销，电商渠道的各种展示位置，都是这个道理。对于传统零售来说，提升渠道商的利润，可以让代理商和零售商更多地销售产品；对于电商平台来说，高性价比的产品可以产生更多零售。

这两种模式都会非常直接地提升产品的推广成本，降低产品的生产成本，是典型的"劣币驱逐良币"的商业模式。中国商业零售发展了四十年，除了一些深入人心的本地品牌、老品牌，老百姓实际上很难有机会买到真正的和付出的货币成本相对称的好东西。

而新零售、网红品牌的崛起，实际上是在实践一套真正的"良币驱逐劣币"的商业路线。网红品牌可以给消费者提供真正的高品质产品，而这些产品也正是因为它们的高价值和高成本，没有办法在传统渠道和电商渠道里存活。

成本结构的竞争才是真正的商业竞争，这个逻辑在本书中会反复被强调。为什么要强调成本结构？成本结构是营销工作中最重要的组成部分，成本结构具备足够的竞争力，才能保证产品在市场上有足够的竞争力，再加上品牌推广工作的影响，最后才能获取好的营销业绩。

1. 渠道结构决定了成本结构

很多人说成本结构是由产品的生产成本决定的，这只是表面的现象。实际上，传统零售业的成本结构是由分销体系决定的。因为传统的零售业要竞争的是最后的购买场景，而且购买场景是纯粹的开放竞争。所以，能够在最后的营销场景里卖到一个什么价格，直接决定了产品的生产成本。熟悉传统零售的人应该都知道，正常情况下，产品的净成本应该是在零售价的 25%–30%。

这个比率是经过了这么多年的竞争之后得出的相对稳定的一个数字。当然，这个数字占产品零售价的比例并不高。也就是说，我们在传统零售渠道里买到的任何一个产品，至少多付出了 3 倍以上的钱。

那剩下的钱去了哪里呢？首先生产企业需要一部分合理利润，其次代理商需要利润，再次零售商也需要利润。产品想卖好，厂家还需要做一定的广告宣传和市场推广。因此，经过层层盘剥，最终形成了现在相对比较稳定的产品生产成本比例。

2. 推广方式决定了价格上限

传统零售是开放竞争的，传统媒体是大众媒体，开放竞争决定了产品品牌的溢价空间不会太高，而大众媒体决定了产品的价格只能做到适合大众消费，这样的话，产品才能卖出量来，才能拉动上游工厂的产能。

<u>在这种环境下，几乎所有的产品开发成本都被圈定在一个固定的圈子里边，很难有更大的突破。</u>比如说，几乎所有的方便面面饼的成本都不会超过 0.5 元，我们如果想做面饼成本为 2 元的方便面，那这种产品在传统零售渠道是根本卖不动的。

这就是传统企业开发产品的逻辑，因为成本没有办法做太大的提升，所以各个厂家就想尽办法在差异化、在市场推广上下功夫。这里边的关键是，传统的零售渠道很难有能力做小众的、差异化的、高品

质的、高附加值的产品。没有办法做成基于人群需求的精准产品开发和销售，因为渠道的结构、高昂的渠道成本和产品的分销体系，决定了这些事情统统都干不成。

3. 工具的变革带来了巨大的机会

电子商务最大的意义是什么？对于传统企业来说，电子商务最大的意义有两个。第一，实现了巨大的中心化流量，今天，淘宝、京东、拼多多三家几乎占据了中国所有的线上的购买流量，这个流量是惊人的。只要能够把这些流量经营好，这个营销结果有极大的可能比传统零售要好得多。第二，信息技术带来的人群画像，带来了极大的可能性，做有效目标人群的有效推广，这是非常非常重要的一点。

工具的创新是革命性的。传统零售的营销环境，让我们很难去做精准营销；而现在无论是一类电商平台还是二类电商平台，都具备了各种各样的工具，可以做固定人群的精准推广。这是电商平台和传统零售的本质区别。

这里边会有很多操作层面的技术，在这里不详细举例。当然，这也是为什么传统企业做不好电商的核心原因，传统企业的老板很难理解更谈不上用好这项技术。

4. 只有精准定位了人群，才会有机会获得高附加值

什么样的产品才能获得高附加值？

必定是因需求产生的产品，才有更大的机会获得高附加值。随着人们物质生活的丰富，需求已经逐渐从大众需求到小众需求过渡了，这个趋势现在非常明显。

喝啤酒要喝精酿啤酒，精酿啤酒的附加值就远远大于工业水啤；吃蔬菜要吃有机无公害的，有机蔬菜的附加值也远远超过普通蔬菜。这都是趋势最好的佐证。

精酿啤酒在过去的二十年里为什么没有获得爆发增长的机会，在 2019 年却遍地开花？道理很简单，传统零售的分销体系不支撑这样的产品运作，因为产品太小众，综合算一下渠道成本一定是亏损的。但到了 2019 年，经过这种长期压抑的时长需求，终于在技术、在基础设施得到保障的前提条件下全面开花了。

所以，谁占据了产品高附加值，谁才能够赢得未来。

5. 电商平台的成本结构支持新的产品研发模式

在传统的零售渠道里，我们只能用零售价的 25%–30% 作为产品研发的成本。因为渠道已经决定了没有更高的研发预算。

但这就框定住了产品的品质。假设一下，如果用 3 倍的成本研发

产品，这个产品的品质会不会非常有竞争力？当然会很有竞争力，但问题是，如何能够把这样的产品卖出去？

新的营销体系，理论上是支持这样的操作的，传播用的新媒体，只要内容做得好，免费。零售用的是电商平台，要是引流做得好，精准营销做得好，低成本。这样的话，生产企业是有很大的空间将原来的渠道成本转化成为研发成本的，再通过电商平台进行精准营销，就具备了在电商平台上卖高品质产品的可能性。电商平台的渠道成本构成是有很大弹性的，这个弹性取决于对营销的理解，取决于对技术的掌握。

如何能够构建一套这样的体系，就是在未来五年传统企业必须要认真思考的问题。一个产品从研发到生产，再到销售，环节很多，每一个环节都有它的标准方法论和操作办法。未来的营销将逐渐脱离分销转向零售，这要求传统企业一定要具备更扎实的基本功，才能真正地触摸到互联网的红利。

要点总结

劣币驱逐良币，良币驱逐劣币，这是生意场上每天都会发生的事情，在昨天，劣币驱逐良币是常态；在未来，良币驱逐劣币的概率会更大。更大的概率还意味着更多的附加值、利润的可能性。要想让良币驱逐劣币，那就要建立一个完整的良币生态。

模式趋势：全网系统突破，建立全新体系

变革都是这样，任何一次变革都伴随着大量的被淘汰。从传统零售到现在的互联网，实际上是一个长线的"创新—淘汰—创新—淘汰"的过程。几乎所有的红利都是阶段性的，如果企业跟不上零售进程发展的节奏，就注定会被历史无情地抛弃。

1. 传统分销体系已经被彻底打破

传统企业为什么现在日子难过？这其中最重要的原因，是近几年的零售业态对专业能力的要求已经超过了传统企业的承受范围。传统企业的销售能力范围，基本包含在传统大流通、KA卖场、终端和自建终端这几个方面，一部分企业达到了平台电商的要求，但平台电商中心化流量竞争太激烈，真正能受益的企业非常少。

传统企业长期以来的分销体系，无论是大卖场体系，还是深度分销体系，都是长期建立在厂家和经销商的协同关系之上的，物理渠道是传统企业长期以来最大的依赖。这应该是传统企业的阿喀琉斯之踵，一旦这种分销体系受到威胁或者失灵，传统企业很快就会万劫不复。

但近些年商业业态的变化速度非常快。除去平台电商之外，微商、社群电商、内容电商、直播电商这些业态已经高速崛起，这些商业业态对营销带来的改变、对专业人才的要求、对作业工具的要求，已经远远超过了传统企业的专业能力范围，大环境已经要求传统企业不能再继续做看得见、摸得着的渠道了。电商之后，渠道工具发生着变化，而大部分传统企业的老板自己已经没有办法再升级了，出现了差异和断档。

这个因素带来了很多悲惨的结果，其中最重要的就是，由于传统企业自身跟不上变化，在这个过程中，催生了很多商业机构（微商、社群电商、直播电商）获得了巨大的红利，让很多传统企业已经沦为新生商业机构的供应链。

失去了渠道壁垒的保护，就相当于传统企业已经被攻破了城墙。

2. 传统商业的红利期已经彻底结束

虽然现在传统企业处境悲惨，但它们也是踩着一波又一波的红利迅速成长的。流通市场的红利没有享受过？没有流通市场的红利哪里来的双汇这种巨无霸的企业？KA卖场的红利没有享受过？没有KA卖场的红利，哪里有三全这种企业？电商的红利没享受过？没有电商红利三只松鼠、卫龙这样的企业哪里来的呢？历史发展的潮流注定是公平的，赶上了就迅速做大，赶不上就会被淘汰。

新模式多如牛毛，电商，微商，社交电商，抖音、快手带货，直播电商，五花八门，已经让很多企业老板觉得无所适从。也有很多老板觉得本来还可以凭借过去那些年积累下的家底，想个办法挖个人开始干，但很多新商业的从业者，公司规模已经干得比传统企业的规模都大，而且模式轻，利润更好。人家凭什么跟着你干？传统商业的红利期已经彻底结束了。

3. 如何才能建立新的零售体系？

在开始新的营销体系建设之前，应该有几个核心问题要想明白。

<u>消费者在哪里？原来的消费者在渠道上，因为每一个渠道都是分散的中心化流量节点。现在的消费者在哪里？现在的消费者在线上。</u>手机上的各种应用已经占据了用户绝大多数的时间，人们变得越来越懒，能不出门的就不出门，能在网上买的就在网上买。

新的营销体系建立的目的是什么？为什么要有体系？营销体系的核心价值就是保护品牌价值不受冲击，如果分销分散了品牌价值，那对传统企业一定是灾难性的。所以，新的营销体系的核心，也是要从品牌打造的角度来出发，如果没有办法获取高附加值，品牌将没有存在的价值和意义。

线上的营销体系应该注重"渠道"还是注重"零售"？新商业环境下最核心的事情，就是从强调"渠道"到强调"零售"。<u>强调"渠道"</u>

的时代，品牌靠传播，强调"零售"的时代，品牌靠内容，这是两个阶段最基本的差异。

新的营销体系构建的工具是什么？如果是从零售的角度来说，则更需要品牌去保护高附加值，否则在流量时代，很容易变成供应链的比拼，所以，"看得见，买得着""产品植入心智"将成为考量营销体系是否成熟的关键因素。

4. 新的营销体系应该使用什么样的营销工具？

传统企业之所以在今天的营销环境下会变得慌乱，主要是对工具的理解不清晰。今天听说抖音卖货效果好，都去干抖音；明天听说快手效果好，就都去干快手。这里边有一个很大的原因，就是听到有人说，抖音快手的流量很好。

流量好就卖得动货吗？流量好就可以建设品牌吗？并不见得，准确地说，是一定不会。

◎ 从流量基因的角度来看工具的选择

如果流量大就卖得动货，那么微信流量最大、客户最多，但微信为什么不做一个商城或者电商平台？

事实上显然不是这个逻辑，微信的流量是社交流量，微信具备最大的社交流量，但是社交流量不是购买流量，或者说社交流量的商业属性并不明显。从社交流量到购买流量，这中间需要一个转化，转化的方式有很多，其中我们最熟悉的就是爆品引流和微商教育，但转化这一下，就让流量的商业价值打了很大的折扣。微商一天比一天不好干就能很深刻地说明这个道理。

所有的流量都有它的基因。微信是社交基因，它的流量是社交流量。淘宝、京东是商城平台，所以它们的流量是购买流量。百度、360是搜索流量，所以它们的流量基因是搜索。今日头条、抖音是短视频信息流平台，所以它们的基因是传播。只有流量有了基因，我们才能知道它们扮演什么角色。

想卖货，去购买流量最大的地方，这显然是淘宝、京东。想做传播，去传播流量最大的地方，抖音、今日头条等各种短视频平台一定是传播的最佳舞台，只要你内容做得足够好，一定会有人看到你的作品。想做会员管理，想做CRM（客户关系管理），那么一定要用社交工具，微信肯定是不二的选择。

这就是在互联网环境下布局新零售的核心逻辑。传播的专业干传播，因为抖音、快手已经几乎很大比例地占据了大家的碎片时间，在这个时间空间里，传播效果最好。卖货的平台专门卖货，是因为在专业的卖货平台，你的所有的销售都会有沉淀，有反馈，有评价，还可以帮助继续经营站内流量。

◎ 关于传播零售一体化工具

由于技术的进步，现在很多传播工具都具备直接销售的功能，可以直接带货，比如抖音和快手的带货，今日头条的商城和抖音的小店。很多企业在投放这些传播平台的时候会去想要一个好看的 ROI。

我们要知道，这些平台虽然可以卖货，但它们本质上并不是电商平台，这一点我们一定要有清晰的认识，<u>我们应该把它们定义成为"传播零售一体化"工具。但它们首先是传播工具，其次才是零售工具。</u>它们可以作为线上零售布局，但一定不是最后的主战场。考量新媒体平台的 ROI，如果能够达到盈亏平衡，就应该是很好的业绩，因为如果体系得当，这种传播一定会在电商平台带来大量的免费搜索流量，这相当于传播没有花钱，已经是很好的效果。盲目的追求新媒体 ROI，是本末倒置的做法。

要点总结

如果不能做全网的布局，那就一定跟不上闲杂的节奏，未来网红品牌一定是全网布局的统一零售价。不能因为抖音、今日头条这样的平台可以带货了，就到处押宝。只有有能力布局全网的零售体系，才会得到最后的成果。

分析篇

后社交时代，看个体创业发展

新网红品牌

动销是检验商业模式的唯一标准

从2013年开始，社交电商就成为中国商业零售里一个非常重要的力量。这些年来，包括微商、平台社交化在内的一波又一波社交电商，是个体创业的绝佳机会，很多人通过社交电商的方式实现了人生的逆袭。到现在八年时间过去了，社交电商也发生了很大的变化，并且和很多工具又进行了再次融合。

我们可以这样说，经过八年商业洗礼的社交电商，已经逐渐趋向于它在整个商业零售中的位置，尤其是这几年社交电商的几个方向，它们或可单一存在，或可和其他的零售业态融合发展，都已经往固定、稳定的方向发展，既没有高潮迭起，也没有退出舞台。

社交电商能够有这八年的发展，核心原因是技术变革带来的红利。2012年，微信开放朋友圈功能，让每一个人可以和自己的社交圈子产生即时交际，这是一个非常重要的技术红利。这就意味着每一个人都成了一个独立的传播平台，也成了一个去中心化的流量节点，这对中国发展了几十年的中心化流量商业模式，造成了第一次重大冲击。

在微信支付、支付宝等工具逐渐成熟之后，和微信的社交功能、微信朋友圈的传播功能一起，就逐渐形成了一个完整的商业闭环，这个闭环在三年的时间里形成了巨大的商业红利期，这也是第一波微商走向台前的历史窗口期。

但八年的时间过去了，站在今天这个时间节点上，我们回头看看，分析一下社交电商的第一波红利，到底是刺激了整个大环境哪一部分的需求、是哪些需求的释放造成了这种红利的到来？只有这样，我们才能真正看懂行业、看懂机理、看懂趋势。

1. 朋友圈大爆炸，打破信息壁垒

商业的本质是什么？商业的本质就是信息不对称导致的对稀缺资源的占据，带来利润空间。这句话是什么意思？举一个简单的例子，传统零售，就是厂家基于消费者对产品信息的不对称，抢占了渠道和终端的资源，最终带来的零售利润。

试想一下，消费者明知道一些产品质量很好，但却没有办法买到，因为他家附近的超市没有这个产品。对于传统零售的第一次革命是平台电商，平台电商是可以做到在电商平台购买传统渠道里没有的产品，但平台电商是中心化流量的平台。也就是说，好产品在电商平台上和消费者见面，流量壁垒也很大，也需要付出很多的成本。

而朋友圈的出现则再一次对传统零售进行了革命，朋友圈的去中心化流量特征，让传统的商业壁垒出现了很大的问题。只要是社交圈子足够大，就可以把自己的产品信息传播出去。而获取社交资源的方式就有很多种了，这比在电商平台上的成本要低太多了。

于是，与其说微商是打开了创业者致富的大门，不如说微商是打开了产品自由流通的大门。朋友圈的大爆炸，让各种壁垒几乎绝迹，创业者有很大的可能性越过信息壁垒、渠道壁垒，有更多的机会完成自己的商业目标。

2. 借力层级分销，打造微商模式

仅仅有产品的资源是不够的，因为做生意是一套完整的体系模式，为了让自己的产品做得更好，就一定要让更多的人来卖自己的产品，而卖的人多了，肯定就会出现良莠不齐的现象，要有管理。

这个时候，正是人人都发现微信可以做生意的时候，有大量的人群对这件事情跃跃欲试，并且还是几乎都没有货源的人群。这部分人就成了组建微商这种商业模式的底层人群。

层级分销当然是最容易建立起来的分销模式，因为这种模式本身的技术含量并不高。依据渠道的来源关系和销货能力建立几个层级，就迅速地建立了管理。微商走到这里就基本上完成了最基础的商业形态的搭建。

微商早期的模式是很有力量的，因为它并不像传统零售门槛那么高，所以这种模式可以吸引更多的人加入进来。但微商的模式忽视了一个最本质的问题，就是到底什么样的产品适合在朋友圈这种生态下去销售？

于是我们看到，大健康、大针织、大美妆的很多产品都开始进入这个领域。很多产品其实并不是太适合在微商渠道里去卖，袜子、内衣、食品这些随处可见的产品，基本上不太具备建立多级渠道的条件。

往渠道里压货没有错，但动销才是检验一个商业模式是不是成熟的真正标准，在朋友圈里能不能动销，这个问题其实看产品的本质就可以看得到，而微商的第一个阶段，往往对这个问题是忽略的。

3. 渠道压货的机会没有了，微商应该怎么办？

红利都是这样的，一旦红利产生，入场者就会源源不断地到来，蓝海很快就会变成红海，红利就会越来越薄。从现在我们可以这样说，不能动销的微商，还有靠招商起盘的微商，2021年之后，不会再有机会了，因为再也不会有早期汹涌而至的入场者了。

于是，在接下来的时间，动销将成为检验商业模式是否成熟的唯一标准。什么样的产品能在朋友圈动销就是所有人都必须研究的重要话题，并不是所有的产品都能在朋友圈（包括后来发展的社区、社群电商）里动销的。能够在朋友圈里动销的产品，无外乎都要满足以下三个条件之一，否则，基本就是一个伪概念。

第一，这个产品本身的属性是非常适合社交化销售的。什么叫作社交化销售？就是这个产品本身要靠服务去驱动。不需要服务驱动的产品往往竞争壁垒很低，很容易进入同质化的竞争。举个例子，很多化妆品在使用的时候是需要服务和指导的，并且这些产品需要连续使用才能有更好的效果。保健品和减肥产品更是如此。也就是说，产品一定要有高黏性。黏性不高，渠道就很容易做不住。低频高黏高毛利的产品属于社交电商，高频低黏低毛利的产品属于平台电商，而高频低黏高毛利的产品属于品牌化操作的产品。

第二，因为要提高动销率，于是就出现了很多畸形的变种商业模式。比如说，把价格拉低。传统零售是依靠层层加价的渠道，所以很多时候，没有渠道壁垒的操作往往能够把产品的"底裤"都扒下来。但这不是动销，而是倾销。像社群电商类似这样的模式又应运而生，团购在一段时间就火得不得了。但这种火不会持续，因为你不可能保证你的产品永远都有价格优势，一旦优势没有了，消费者也就没有了。

第三，不仅要动销，还要有利润的动销。真正的动销并不是倾销，而是有毛利的持续动销。如何才能做到有利润的动销？这是一个专业性很强的工作。有利润，就意味着要有一定的品牌附加值，这涉及一系列完整的市场营销的知识体系。坦白地说，这对草莽出身的微商群体太难了。

虽然微商整天把品牌挂在嘴边，但80%的微商品牌充其量只能是个商标；虽然微商整天把爆品挂在嘴边，但90%的微商产品基本上都是哑巴产品；虽然微商整天开课，整天培训，但这个行业几乎95%的老师自身的商业知识体系并不完整。这就是现状，决定了绝大多数微商做不了有利润的动销。

4. 社交电商，2021年要走到哪里去？

我们回顾一下2019年、2020年，满足真正动销逻辑的社交电商真是不多。其实核心的原因，就是对商业本质的认识不清楚。对社交电商的几个大分支微商、社交电商、社群电商、社区团购来说，哀鸿遍野虽然谈不上，整体低迷应该是比较好的总结。完全没有了往日的风光，违规被查，烧钱关门依然成了行业常态。

那么，2021年，这个行业又会走到哪里去呢？

◎ 传统微商：大败局，向实体融合是唯一出路

微商溃败的原因很简单，就是社交流量本身不是商业流量。如果把社交流量当作商业流量来耕耘，注定不会结出来什么好果实。

微商溃败的种子，实际上早在2015年微商高速崛起的时候就已经埋下了。2015年，当微信的营销生态逐渐成熟之后，微商就凭借着这个新环境蓬勃发展，但在这个零售环境里，"模式"超越了"产品"成为微商的第一大核心要素。一个产品应该有什么样的分销零售模式，本来是由这个产品的属性决定的。但在微商环境里，层级分销模式俨然已经超越了一切，保健品、日化产品、针织品、食品等产品统统拿

来做层级分销微商。这样的结果当然是发生在红利期，产品起盘快，但是盘子死得也快。

由于社交流量本身不是商业流量，所以，微商必须完成的工作是把流量从朋友圈的浏览流量或者说是意向流量转化成为购买流量。也就是说，只有产品的属性能够满足这个特点，这个商业模式才成立。如果这个过程本身多余，那么这个商业模式就是不成立的。

微商走到今天，我们会发现，真正做得好的微商产品，产品本身的属性就非常适合封闭的社交化渠道销售，绝大多数不适合封闭的社交化渠道销售的产品几乎很难再维持。

从 2019 年开始，健康稳定的微商盘一般都会和线下的实体门店结合，这说明了朋友圈流量质量已经严重下滑，已经很难支撑微商的运营模式。而微商一旦和线下门店结合，实际上就给线下门店带来了互联网化的营销方式，这种融合将会给双方带来很大的生机，也可能是微商能够转型的重大机会。

◎ 社交电商平台：平台苟延残喘，越大越没有机会

社交电商平台溃败的原因也很清楚，平台模式不能解决线上超市的供应链和动销命门。社交电商平台是什么？简单地说，就是一个有微商分销模式做内核的线上超市。扪心自问，即便是这些社交电商平台从业者，我们平时自己买东西的时候，会上自己的线上超市吗？

如果自己平台上的产品有价格优势，我们会买，如果没有优势，

我们还是会上淘宝和京东。这很符合逻辑。既然自己都不买,又怎么能要求用户持续在平台上买东西呢?

所以对于社交电商平台来说,不断通过设计模式让小微创业者加入开分店,就是这套模式的核心逻辑。但即便模式设计得再好,招商的速度再快,<u>平台产品的动销才是关键。线上开超市就意味着最少要做一个细分领域品类,现在几个主流的社交电商平台都是直接做了全品类。这就对供应链管理提出了更大的要求。</u>

能够让用户不在淘宝和京东上买东西的核心原因,只有一个,那就是物美价廉,而物美价廉对社交电商平台做出了极大的考验。

社交电商平台比较大的可能,是在局部供应链具备一些优势,很难会有全盘的优势。有没有别的办法?有,卖别人没有的东西是可以建设竞争壁垒的,但 PB(中间商品牌)产品的开发,也是一件专业度很强的事情。PB 产品的开发可以分为两类:一类是自有品牌的产品开发,这个方向,几乎没看到做成功的社交平台;另外一类是联合知名品牌共同开发,未来集市前段时间联合茅台做了一次定制产品活动,销量很好,但这个方式只能解决阶段性的问题,并不是长久的办法。

◎ **社群电商:逻辑很好,但没有附加值,真正做起来非常难**

社群电商不可能产生溢价和附加值。2019 年下半年,私域流量概念被炒得很热,社群电商俨然成了私域流量的代名词。很多人开始把自己的客户弄到社群里维护、卖货。不弄不要紧,一弄更麻烦。

中国第一大购买流量一定是平台电商,这一点是不争的事实。总是想着把客户圈进自己的私域流量池,不如好好地研究一下如何在平台电商上提高自己的竞争力。

我们要知道,客户只是在购买我们产品的时候才是我们的客户,除此之外,所有的时间都不是。于是,群建起来了,活跃度就是问题。为了提升活跃度,很多人开始饮鸩止渴,搞促销、做活动、到处找物美价廉的货源。你的客户就这样被你养刁了,想再做品牌附加值,已经没有机会了。私域流量毫无意义,粉丝经济也没有什么价值,只有让客户不断购买你的产品才是硬道理。

真正的粉丝经济实际上是不需要产生什么链接的,而是让用户在购买的时候第一时间找到你、购买你的产品,建设好自己的零售平台,做好内容输出,这才是正确的方向。

◎ 社区电商:终究不是普通人的舞台

生鲜很难能够独立成为生意。2018年下半年,社区电商火得一塌糊涂,各路投资纷至沓来。最疯狂的时候,只要你有社区团购群,就有人敢拿钱买。2019年下半年,用"哀鸿遍野"来形容应该不是太过分,钱烧完了,就当是一场梦吧。到了2020年下半年,这已经完全是巨头们的舞台了,美团、拼多多、滴滴都已经入局。

社区电商是个什么逻辑呢?绝大多数社区团购的基本逻辑是,通过生鲜水果这些高消费频次的产品建立社群,稳定客户,等消费习惯达成之后，在导入一些高毛利的百货产品，从而建立起稳定的零售社群。这套逻辑看起来很对，但实际上存在着两个巨大的风险。

第一，生鲜单独很难成为生意。社区团购觉得把生鲜生意从超市便利店抢走了，自己就是利用互联网革了传统零售的命了。但事实上，由于生鲜产品本身的特征，对于绝大多数超市便利店来说，这都是一个亏损的板块，即便是盈利，毛利也非常低。生鲜很难能成为一个独立支撑的利润板块。

第二，高毛利的百货产品，场景并不在社群。对于很多社区团购来说，用生鲜引流，导入高毛利产品盈利是基本的想法。但真正用生鲜引流完成之后，却发现百货产品根本卖不动。这是因为，百货类的产品并不是冲动型消费产品，用户购买这类产品多半都要对比一下，所以，这类产品的主要销售场景是在电商平台，很难转移到社区电商里来。

最终证明，当这套逻辑自己不能成为生意的时候，赛道就会狭窄得不得了。为什么会这么狭窄？是因为只有拿到充分投资的玩家，还有巨头才能玩；普通人，没希望了。

5. 动销将成为检验零售的唯一标准

社交电商的整体溃败，在现在看来，绝大部分原因，就是零售工具的发展带来的一些蓬勃发展的假象，让很多人误以为这会是巨大的机会和红利。而在这些社交电商的种种变种形式里，我们都很难发现有真正的动销存在。

而零售的发展，有它自身的规则和方式，产品的零售形态一定是由产品本身的商业特征来决定的，如果过分强调模式而不关注产品，然后把产品硬往里边塞，最后的结果一定都是败局。

社交电商繁荣过，热闹过，也有人成功过，更多的人则是在这波洪流中没有得到自己想要的。这些都随着2020年的完结画上了句号。2021年已经到了，对于大多数人来说，回归产品，回归品质，回归零售业的本质，努力提升自己产品的竞争力，努力让产品能够动销起来，才能让自己在未来的竞争中占据一个更好的位置。

要点总结

事实上，2019年、2020年社交电商圈子里发生了很多的事情，个体创业又从相对宽松的环境变得非常困难。在很多时候，社交电商的模式决定了这种盈利不会非常稳定，因此，当没办法大规模招商的时候，我们就要把注意力放在产品如何更好地动销上，零售会变得越来越专业。

分析篇：后社交时代，看个体创业发展

新的流量会成为社交电商的救命稻草吗？

社交电商对流量的追逐是本性，因为社交电商本身是非常不稳定的商业模式。如果渠道没有办法保证新鲜血液及时补充，那么估计90%的微商盘都没有办法继续。所以，除了微商刚开始的两年，因为大众创业红利不缺流量之外，引流几乎就是这个行业永恒的话题。

引流的目的是什么？当然是招商，当然是把新的代理商补充到渠道里边去。所以，在朋友圈流量下滑之后，我们会看到微商发明了各种各样的引流方式，电视台、百度、今日头条、小红书、其他各种视频网站等等。但随着大环境的变化，流量大盘也在变化，2019年下半年，流量的风口又到了短视频和直播上。这一波流量会不会给微商带来惊喜？又会带来怎样的变化呢？

1. 新的流量在哪里？

毫无疑问，新的流量蓝海在短视频电商和直播电商。

进入2019年下半年，短视频和直播成为最大的流量平台。于是，我们可以看到，很多微商都开始布局短视频、直播电商了，有的把短视频平台作为招商的工具，有的则干脆跟着潮流，直接在内容平台上做起了零售。

这个领域为什么会火？因为好不容易找到了新的流量洼地，导致了全民进入，从而进一步导致了这个行业开始虚假繁荣。从全民搞微商，到全民搞直播，这个过程并没有什么本质的差别。整个2019年的下半年，短视频平台非常热闹，方方面面进入的人群都比较多。而短视频作为一个内容平台，直接将各路英雄的水平也暴露得非常明显。

2. 新流量的特点是什么？

可以这样说，微商可能会把短视频电商和直播电商作为救命的流量来源，但短视频电商和直播电商本身可能不是这样想的。这是为什么呢？我们可以通过简单的分析，看一下这些新流量的特点是什么。

短视频电商、直播电商的本质是什么？把产品通过镜头展示给用户看，并且让用户购买，这就是直播的本质。直播为什么能卖货？因为直播提供了比平台更为丰富的商品展示形式，配合主播的精彩解说，当然转化率要好很多。

目前的短视频和直播，无论是哪一种形态，都有一个前提条件，那就是流量获取的能力。流量获取能力高，主播的转化能力强，这就是一个很好的生意。相反，如果流量能力不行，主播能力又偏弱的话，就很难得到很好的结果。但无论如何，从微商到直播，总算已经过渡到 C 端了。过渡到 C 端，那就意味着供应链的能力一定要跟上，这对消费者来说是好事情。

3. 短视频电商、直播电商与品牌化运营

这是一个需要认真讨论的话题。李佳琦和百雀羚的事件，实际上已经给我们敲响了警钟，在目前的直播电商的环境下，几乎不太可能通过主播带货来取得品牌的附加值。如果没有办法获取附加值，实际上对品牌经营者的意义不是很大，更适合商业从业者来做。

大主播的"祖宗"，一定不是品牌方，而是他的数以千万计的粉丝，大主播能给粉丝带来的价值，也一定不是大主播本身，因为几乎所有的大主播的内容能力都非常一般，站在大主播身后的是非常多的血泪供应链。我们很难看到能有主播把产品卖得价格比较好，能够有比较高的品牌附加值。

"双 11"，雅诗兰黛眼霜产品的销售，李佳琦用全网最低价卖了 87% 的销量。对雅诗兰黛来说，这不是什么值得骄傲的事情，这是对雅诗兰黛品牌极大的伤害。

总结一下，直播电商不是粉丝经济，因为主播普遍的内容能力比较差（主播的内容能力最多就是在某一个方面的专业度），所以，绝大多数主播的粉丝，都是在关注主播能给他们带来什么物美价廉的好东西。这对消费者当然是好事，但对于绝大多数的品牌方来说，物美价廉不会做出品牌。

4. 短视频和直播将会成为 TO C 的标配

短视频和直播有价值吗？当然有价值。短视频和直播可以成为无数中小企业、个体经营者直接面对 C 端的重要工具，在这一点上，无论是卖化妆品的网红品牌，还是卖农产品、卖海鲜的乡村主播都可以做得很好。这是和用户直接链接的最好方式。

短视频和直播当然也可以是品牌方的重要传播工具，因为没有任何一种方式，能够比直播更加接近线下实体店了，你可以在直播间里做各种各样的产品展示、产品介绍、产品对比。这是工具革新带来的营销新变革。所以，短视频和直播已经成为未来企业的营销标配。

5. 短视频和直播有什么区别？

直播和短视频各有利弊，直播展示的形式会比较全面，但直播受制于时间、观看人数。短视频受制于时间限制，可能没办法表达得这么全面，但优秀的短视频会带来源源不断的流量。

这里边最重要的事情，实际上是在考验企业的内容能力。在未来三五年，内容能力将会成为企业最为硬核的竞争力，因为流量越来越难搞，而短视频的流量不取决于人民币，而是取决于内容能力。如果内容能力足够强，那么流量的成本几乎可以接近于零。抖音、快手上成功的案例比比皆是，这才是真正的时代红利。

所以，优秀的短视频内容作为前端可以带来大量的流量和潜在用户，直播则会让你有更多的机会和这些用户互动。如果配合得当，这是天然 CP（组合），会得到更多精耕细作的机会。

6. 短视频和直播流量意味着什么？

对于微商来说，这一波流量可能和之前的所有流量都不太一样。通过我们刚才的分析，我们是可以得到以下的结论的。

◎ 短视频和直播流量是零售流量

短视频和直播流量是更接近 C 端的流量。因为短视频和直播丰富的表现形式，这种流量更容易驱动零售，而不是招商。这一波流量明显和之前的百度、小红书、各大视频平台不一样，消费者更愿意在这些流量平台上直接购买产品。因此，在短视频和直播流量上，应该架构的是一套零售体系或者零售体系里的一部分。

◎ 短视频和直播流量是专业流量

短视频和直播流量的本质，是传播流量。而传播本身就是一个比较复杂的学问，<u>应该对哪个群体做传播？做这些传播应该怎么说？一个短视频整体的内容又应该做怎样的分配？</u>这比微商的粗暴招商要复杂很多。原来微商的模式里，是没有这么复杂的操作办法的。

从另外一个角度来说，短视频和直播一旦涉及零售，这又是一个复杂而专业的问题了。这套体系要求完整的品牌底层逻辑、完整的产品逻辑、完整的推广逻辑，所以只会搞人的微商、动销不行的微商是很难在这个领域有所作为的。

◎ 微商到底能用短视频和直播干什么？

说一千道一万，如果没有想好这些流量能干什么用，流量再多也没用。这些流量可以用来招商吗？当然可以，但招商引流的操作办法也是千差万别，或者说，即便是引流招商广告，都要涉及专业的内容生产才能完成，这也是巨大的挑战。

借着这个势头完成零售转型？这当然也是非常好的路线，商业都是在不断的变化中找到答案的。但无论如何，新流量并不是微商的救命稻草，新流量所带来的更多是对商业零售本质的思考，只有这样，才能做出对未来更有把握的决策。

要点总结

新流量来了，是因为有了新平台，但新平台的流量属性一定要看清，朋友圈是社交流量属性，而短视频则是典型的内容流量属性，这两种流量是有天然差别的，因此，撬动这些流量的工具也不一样。

分析篇：后社交时代，看个体创业发展

社交电商还有没有未来，未来在哪里？

2021年注定是微商要被融入大零售范畴里的一年。过了2021年，微商可能不太会再被单独当作一个零售业态存在，但无论如何，微商已经在中国商业的发展进程中留下了非常重要的一笔。微商以前所未有的势能，唤醒了中国千千万万创业者的激情与梦想。因为有了微商这种创业模式，更多的人有机会勇敢地追逐自己的创业梦想，这对大众创业、万众创新是非常好的促进。

今年的微商要面临着十倍于过去的压力，可能还不止。现在的商业环境已经大不同于过去的五年，微商这个商业模式可以说已经尘埃落定了。能继续做微商的，至少说明了他们的产品属性非常符合这个渠道的要求，否则，早就被踢出去一万遍了。剩下的，要么撤摊不干，要么积极地寻求转型，如果不能积极转型，那么也将成为下一个撤摊不干的。

1. 新的环境给哪些人带来了新的机会？

短视频电商和直播电商时代所带来的最大的机会，就是任何人、任何品牌、任何产品，都有了以极低的成本和消费者见面的可能性。这将是中国营销进程中非常重要的进步。如果你是一个产品经营者，也就意味着你不需要再支付任何的渠道成本、流量成本，就可以让消费者看到你的产品。根据这个逻辑，会有两种人获得巨大的收益。

◎ 微商大团队长

没错，这就是微商大团队长最大的造反机会。

所有的团队长都知道做自营的产品，会给自己带来更多的利润，但是由于专业能力不够，或者说对自己运营产品没有信心，很多人不敢尝试去做这件事情。

但今天不一样了，如果你想做一个好的产品，通过短视频平台和直播平台就可以马上和用户见面，通过一个好的商业模式，就可以让自己的团队全面展开运营。怕什么？

◎ 直播网红

对于直播网红来说更是机会，而且对于有一定粉丝基础的网红来说，如果不去做自营产品，永远都得不到本质的提升和突破。为什么这样说？我们都知道，大多数网红，甚至包括李佳琦、薇娅，卖的大都是别人的产品，卖别人的产品就必须要低价。我们应该考虑一下，到底有多少人愿意做这种商业模式的血汗工厂？对于大多数网红来说，你又有多少能力拿到这种绝对的低价？

自营产品对网红来说是唯一的质变出路。看看李子柒,即便是在睡觉,她的旗舰店都可以源源不断地给她贡献利润,这才是真正靠谱的商业模式。

所以,这是最好的时代,这是一个可以充分拥抱消费者的时代,只要你的产品足够出色,运营足够出色,你就有一个非常不错的机会,实现突破,这就是新时代下网红品牌最大的魅力。

2. 微商的命门在哪里?

我们都知道,微商最大的贡献,就是激发了这个社会最大的创业热潮。但我们同样也要辩证地看待这个问题,因为社会创业热潮的兴起,也就意味着有太多不专业的选手进入这个领域,而且更有可能的情况是,这个热潮中的绝大部分都是不专业的选手,都是"小白"。

所以,当商业环境给予小白足够的赚钱空间的时候,小白能把产品卖得出去,微商就成立。当这个空间不足够的时候,小白需要更多的能力才能完成动销,这个逻辑就不成立了。

而今天,竞争已经白热化,零售的门槛越来越高。小白显然不具备更专业的能力。需要小白学习的东西太多了,最早的时候学会发朋友圈就可以赚钱,再往后,学会管理团队也可以赚钱,而今天对于小白的要求是,必须要学会文案、拍摄、导演、剪辑才行,而且即便是学会了这些,也不一定能赚到钱。

这对于没有什么商业基础的人,太难了。

3. 如何用全新的方式再一次唤醒个人创业大潮?

最核心的结构设计,就是让团队成员有足够的零售能力。零售能力足够出色,就不需要担心产品的动销能力。那么,如何能够让团队有更强的零售能力呢?单单靠朋友圈的零售肯定是不够的,<u>我们要为团队成员寻找更多的零售流量池和零售工具,只有让团队成员学会了如何找客户,如何成交,并且他们有足够的利润空间去做这件事情,这个逻辑就是畅通的。</u>

最大的零售流量在哪里?当然是在淘宝和京东。最大的传播流量池在哪里?在新媒体,在抖音,在今日头条。也就是说,如果我们能够帮助团队成员从短视频平台引流,并且能够在电商平台成交的话,这就是一个稳定的商业逻辑。如果我们能够让1000个团队成员做成这样的事情的话,那么满屏都会是你的品牌。

换句话说,我们需要把微商的思想从社交电商的概念中拿出来,拿到更大的流量池里去看待这件事。微商的代理思想,加上短视频平台、电商平台源源不断的流量来源,才能再一次唤醒个人创业的大潮。

4. 新微商应该是什么商业逻辑？

试想一下，如果天猫、京东、淘宝上有1000个店，都是你的专营代理商的店，这将是什么概念？这才是真正的线上深度分销。这种深度分销所带来的强大的品牌势能，将让你的品牌以最快的速度，成为一个红遍全网的网红品牌。原来为什么做不了这件事情？现在为什么突然可以做了？秘密在哪里呢？

我们之前为什么不能让代理去开电商店铺？主要原因是我们解决不了店铺流量的问题，因为在电商平台上，流量和曝光都是和人民币画等号的，没有钱，就没有流量和曝光。

而今天，短视频平台可以帮我们完美地解决这个问题，只要内容足够好，通过技术手段来到平台电商的流量几乎是免费的。那么，对于代理商来说，只要他们自己可以建设一个从短视频平台到电商平台的结构，这套逻辑他自己就可以完成。

接下来比的是什么？是服务客户的能力，1000个代理商都按照我们的方式建立了短视频账号，通过内容营销往电商平台上引流。都是在公域流量池里开放竞争的，非常公平，谁的运营更用心，谁获得客户就会更多，就能够获得长久的复购和回报。

新网红品牌

◎ 品牌方就是内容出品方

在这套逻辑里,品牌方的定位非常清晰,就是做好产品定位、供应链管理和内容输出。这有点像传统零售的深度分销逻辑,品牌方给1000个代理商同时输出内容,这1000个代理商很快就会把这些内容投放到短视频平台上,每个人都会在短视频平台上获得流量,然后在电商平台上完成交易。

品牌方需要关注的事情,就是要连续不断地去生产优质的内容,并以内容为核心,驱动代理商获得流量。

◎ 代理商能力更清晰

我们之前说过,让小白什么都会,实际上就是让他们进入什么都不会的困局。所以,给代理商圈定一个需要会什么的范围,是非常有必要的。很多能力对小白来说是明显超过了界限的,比如拍摄、剪辑、文案,这些内容要学会,要上手,要熟练,非常困难。

但微商团队最大的好处就是会沟通。品牌方把内容做好,让代理商去做内容营销,就会给代理商带来很多和客户沟通的机会。客户购买下单之后,也会给代理商很多维护老客户的机会。

所以,新微商体系下,代理商只需要学会两件事情就够了。第一,知道怎么在短视频平台上发内容,了解短视频平台的规则,获取更多的流量支持。这些是可以通过培训解决的,就像原来培训代理商如何发朋友圈一样,没有多大技术含量。第二,学会如何经营一个淘宝店、一个视频号，或者一个抖音小店。这个工作也可以通过培训来完成，品牌方可以提供统一的装修模板，实际上只需要培训日常的经营技巧，就可以完成这个工作。这样的话，代理商就可以独立地完成一个销售的闭环，并且随着店铺经营得越来越好，也会有更多的公域流量支持。

◎ 运营体系，更加清晰明确

以后的微商，再也不用算什么层级关系、推送奖励了，非常简单，按照每个月销量的大小，设计不同的返点标准，就可以完全满足体系的要求。

总部当然可以持续不断地招商，招商的方式也可以用原来的这些办法，只要输出的东西清晰明确，招商就不是问题。让代理商学会如何去做短视频引流和如何经营好电商店铺，这是长久的能力，非常踏实，不忽悠，对代理商有很大的吸引力。电商店铺的玩法非常多，时间长了，不同代理商的经营水平就会有差异，就会出现优胜劣汰，这才是零售应该有的样子。

5. 微商是一种思想，融合才是方向

接下来的新零售不再会有单一工具的新零售了，或者说，单一工具的新零售都是流量思想的产物，很难让我们获取到品牌附加值，直播就是最好的例子，直播是好，但真正能在直播卖得动有品牌附加值

的产品的人寥寥无几。

所以，对于微商转型来说，思想冲破牢笼才是第一位的。新微商思想几乎是线下零售的翻版，但它融合了微商思维、电商思维、短视频思维、直播思维、传统零售思维。未来的电商一定是融合电商，捋清思维，想好定位，才能把自己放在一个更好的位置。

要点总结

新的微商模式应该是怎么样的？或许这是一个伪命题。其真正的意义，是如何使用短视频、直播的方式，让现在的生意做得更大。模式一定是放大器，而不是决定性的，新的工作是让更多人能够在当前的流量环境下学会如何生存，这才是最大的价值。

势能篇

未来所有的品牌都应该是网红品牌

 新网红品牌

新消费与网红品牌

什么是网红品牌？我们为什么要去做网红品牌？网红品牌是全新的商业形式，代表了这个时代的供需关系。2019年下半年，新消费的观念逐渐深入人心。而新消费则是完全构建在新产品、新渠道、新传播之上的，网红品牌可以完完全全地代表新产品、新零售、新传播，是我们这个时代最合理的商业承载形式。

1. 网红品牌为什么会火？

网红品牌可能是近几年来最火的品牌成长方式了。<u>网红品牌，顾名思义，就是依托互联网平台建立广泛的传播，并且迅速地取得不俗的营销业绩的品牌。</u>网红品牌往往具有极强的话题性，从最开始的雕爷牛腩、黄太吉，到后来的喜茶、答案奶茶，再到现在火遍全网的钟薛高、百雀羚、卫龙辣条等，都被打上了网红品牌的标签。

以"全中国最贵雪糕"的钟薛高为例，去年推出一款名为"厄瓜多尔粉钻"的天价雪糕，"双11"期间，仅15个小时，当日销售额突破400万元。而我们从小吃到大的卫龙辣条，仿佛忘记了自己只是辣

条的现实，二次元、科技风、各种互联网玩法令人瞠目结舌，网红之路一发不可收拾。

但也有很多网红品牌现在已经销声匿迹，如雕爷牛腩、黄太吉，曾经爆火的答案奶茶也没有了往日的光鲜。那么为什么有的网红品牌可以持续走红，有的网红品牌却稍纵即逝呢？探索网红品牌背后的运营机理，对我们打造未来网红品牌非常有必要。

由此来看，网红品牌大概可以分为两类：<u>一类是"原生互联网"的网红品牌；另一类是"老品牌，新传播"的网红品牌。无论是哪一种网红品牌，都是建立在互联网的高维传播能力上。</u>由于有了强大的话题性、故事性、趣味性，这些品牌在早期吸引了很多的流量。但并不是所有的网红品牌都可以长命，接下来我们就分析一下网红品牌的发展轨迹。

2. 流量思维下的网红品牌1.0

很多人说，网红品牌1.0是始于流量，败给信任。

得益于流量的中心化，出现了以雕爷牛腩、黄太吉为代表的网红品牌1.0，这是互联网发展的必然产物。它们火了，就会带来巨大的营收，导致越来越多的品牌在发展方向上过度追求传播，因为传播会带来流量，流量会带来商业上的回报。

集中的流量爆发、疯狂的传播会让人忘记了品牌本身的意义——

品牌本身是用来标记产品和服务的。这里边容易出现两个误区：第一个误区，很多人因为品牌变成了网红，就忽略了产品本身的质量，导致后期用户体验非常不好。<u>很多企业的经营者在塑造话题、打造品牌、营造传播这些方面都是高手，但却一直忽视产品的供应链、产品质量等方面，或者一直在将就。</u>这样的品牌起得快，死得也快。第二个误区，很多本身不能打造出品牌附加值的品类，被打上网红品牌的标签之后，就品牌开始飘飘然。这样品类的网红品牌起来得快，但时间长了用户会发现，我花了这么多钱，买的东西其实并不值。

流量仅仅只能代表注意力，并不能代表有了流量就有了网红品牌，网红品牌的产生需要清晰的品牌定位、深入人心的品牌心智打造、长期的内容输出和超强的流量支持，所以，准确地说，1.0时代的网红品牌，并不是真正的网红品牌，它们更应该被叫作"流量品牌"或者"话题品牌"。

3. 营销思维下的网红品牌 2.0

随着互联网营销方法论的逐渐深入，以钟薛高、乐纯、完美日记、海洋之风为代表的网红品牌 2.0 开始崛起，这个时候，网红品牌才是真正能够站得住脚的网红品牌，品牌进入了新时代。相对于网红品牌 1.0 的时代，这些品牌普遍具有以下的特点：

◎ 超强的产品打造能力让产品更具有附加值

钟薛高卖的并不是普通的雪糕，可以说每一款雪糕都是被精心打造的，极大地提升了产品的技术壁垒。乐纯"三三三倍酸奶"是用3倍鲜牛奶和3倍乳酸菌发酵，再用专利工艺脱去2/3重量的水分，只留下3倍的纯净营养。海洋之风则是在国内首先提出了益生菌牙膏的概念，并且牢牢占据了这个品类的第一名。

准确地说，在这个阶段，不是会做传播的人在主导网红品牌，而是一些专业的产品经理开始入场了，这对网红品牌的发展带来了飞跃性的提高。

◎ 稳定的产品销售结构能让品牌在不断的销售中被堆积

品牌能不能形成，最核心的问题就是能不能长期销售形成稳定的销售口碑，光靠传播是建立不起来品牌的。2.0时代的网红品牌，基本上都布局了全部的线上销售渠道。

钟薛高可以做到用"干冰＋快递"的方式将产品卖到全国各地。<u>超强的产品研发能力加上绝对的用户体验，很快就可以形成复购。</u>海洋之风同样在全网布局了零售体系，"线上看得见，线上买得着"的经营理念，让海洋之风迅速从激烈的牙膏市场中脱颖而出。

◎ 强大的内容输出能力是网红品牌的标配

与其说这个阶段是网红品牌2.0的阶段，不如说这个阶段是真正的互联网品牌打造的阶段。对于互联网品牌的打造，线上的传播就是非常重要的一个环节，互联网传播是高度依赖新媒体的，新媒体的传播形式与传统的媒体传播形式有巨大的区别。

所以，为什么会是转型快的传统企业，例如卫龙、百雀羚率先成为网红品牌？为什么会是钟薛高、海洋之风这些互联网原生品牌能够成为网红品牌？很大原因就是因为这些品牌率先适应了互联网的传播模式，找到了在新媒体环境下传播如何配合零售的钥匙。

4. 新消费，是网红品牌的新篇章

新消费时代来了。

什么是新消费？新消费意味着新产品、新渠道、新传播。

新消费最核心的关键点，就是打破信息壁垒，去消费质量更好的产品。新传播意味着企业可以直接通过数据营销的方式，更精准地找到消费者。新渠道意味着所有的消费者可以直接到企业的电商平台上购买。传播的壁垒被打破了，渠道的壁垒被打破了，才有了更高品质的产品与大家建立关联的机会。

乐纯"三三三倍酸奶"的研发成本是普通酸奶的 3 倍，海洋之风乳酸菌牙膏的研发成本是普通牙膏的 5 倍，这种产品在传统渠道里是根本不可能卖出去的。但新消费的时代来了，这就是机会。消费者不可能所有的产品都去买最好的，但是在精准营销环境下，他完全有机会去做一个"局部富人"。只要品牌方的整个品牌信任体系是完整的，产品质量是绝对的，一定会有消费者买账的。

这应该就是网红品牌崛起的最好机会。所谓网红品牌，它应该不依赖于传统渠道，而是在全网爆红的品牌和产品，全网爆红的产品又一定要有超强的质量来达到超强的用户体验，这样才能产生复购，最终在销售中慢慢堆积品牌势能。

所以，真正的网红品牌一定不能单单靠传播，而是从产品打造、品牌定位、推广方式、用户沉淀多个角度系统运营，才能打造出来。

要点总结

网红品牌1.0到网红品牌2.0，这个变化是巨大的，网红品牌1.0是流量品牌，而网红品牌2.0是内容品牌，到了网红品牌3.0，一定会升级成为全网的大品牌。这是时代的机会，也是时代的要求，只要方法得当，都会有很大的机会在互联网上获得更大的突破。

未来所有的品牌都应该是网红品牌

未来所有的品牌，都应该是网红品牌。网红品牌并不意味着它一定要有多大的销量，而是因为它在营销逻辑上有领先性，用这套逻辑为它的追随者提供最好的产品服务和价值服务。这样的网红品牌不会被劣币驱逐良币的市场环境所淹没，有追随者的网红品牌一定能够活下去。

1. 场景的转移是品牌生长最好的土壤

首先来思考一个问题，电子商务这几年，什么变化最大？

一定是产品的销售场景发生了最重要的变化。不说衣食住行，就是现在装修办公室，只要不是需要现场干的活，几乎所有的东西，都可以在网上购买。也就是说，有相当多的产品，它们的第一销售场景已经不在线下了，而是转移到了线上。

这件事情有什么意义呢？很多人说，这仅仅是产品销售场景发生的变化，但实际上，产品销售场景发生的变化带来了构建品牌的巨大的机会。

在中国长达四十多年的零售产业发展过程中，每一次零售业态的发展变化，都会带来极大的品牌发展机会。例如，大流通的商业时代产生了双汇这种消费品巨无霸企业，KA卖场的繁盛时代产生了鲁花、长寿花、欣和这类消费品企业，电商繁荣的十年产生了三只松鼠、韩都衣舍这类淘品牌企业。

品牌一定是随着业态的发展而不断发展的，每一次零售场景的变化，都会带来品牌发展的极大机会。双汇为什么没能在KA时代把自己的品牌影响力延续下去？是因为到了 KA 卖场时代，消费者对肉制品的要求发生变化了，消费者已经不再满足吃火腿肠、烧鸡这类高温产品了。而短保的肉制品是有很大的运输半径要求的，双汇很难构建起全国的短保肉制品供应链。所以，在这个过程中，我们看到的是喜旺、龙大这类品牌的高速发展。

2. 成本结构的变化，将带来品牌发展最大的机遇

我们一定要知道，零售场景的变化是产生品牌最好的机会，那么，在这一次从线下场景向线上场景的过渡过程中，会产生哪些变革呢？这些变革背后，又会隐藏哪些机会呢？

◎ 传统零售价格体系最大的命门

我们都知道，在传统的零售环境里，产品的生产成本很大程度上并不是由产品的净成本决定的，而是由产品最终的零售价格决定的。而产品最终的零售价格是由消费者的接受程度和终端的竞争环境决定的。几乎所有的传统零售价格空间都会被压缩得非常固定，品牌在这里边能够起到的附加值作用不会特别高。这就是传统零售价格体系最大的命门所在。

企业在传统营销体系里的成本构成，包括了产品生产成本、渠道成本、推广成本、人力成本。这其中，渠道成本是由产品的分销结构

决定的，推广成本是要花在广告媒体上的。总体算下来，这个成本结构模型非常固定，要想获得最大的利益，就不得不想办法把销量提升，来提高边际效益，获得利润的提升。

◎ 成本结构即将发生重大的变化

我们喝的 300 元以下的白酒，成本很少能超过 50 元；我们用的牙膏，生产成本几乎没有超过 3 元的；我们喝的饮料，几乎没有超过 1000 元 1 吨的；我们吃的方便面，面饼成本绝对不会超过 0.5 元。这就是渠道结构决定生产成本的结果。而零售场景走向线上之后，成本结构将发生重大的变化。

首先，渠道成本没有了，企业可以直接面对消费者做零售，因此占据了传统零售价格 50% 左右的渠道成本，是可以解放出来的。其次，推广成本也变得可以控制，传统的媒体推广方式都是散弹打鸟，造成很大的浪费。而电商平台和新媒体推广平台，都是可以做到精准人群画像的推广的。这就是新零售和传统零售最大的区别。

成本结构这两个方面的变化，将会在未来的 5–10 年深刻影响中国传统生产企业的发展。读懂成本结构的变化，才能真正读懂未来的新商业，小米为什么可以把手机卖到 999 元？其中决定性的因素，就是小米手机没有渠道成本，这样，小米就可以拿出更多的钱来做研发，做出来更好、性价比更高的手机。

◎ 消费者对产品的要求越来越高

每一次零售场景的更新,都代表着更高级的产品、质量更好的产品开始走向市场,走向消费者。

从传统零售到 KA 卖场,低温产品开始被广泛接受,低温肉制品、低温乳制品迎来了营销的黄金期。从线下到线上,道理也是一样的。用户对线上产品的品质要求,一定不能比线下的低。否则,仅仅是为了便利,这种变革的理由是不够充分的。

所以,对于传统企业来说,开展线上的零售工作并不是要把线下的产品拿到线上去卖,这是对电子商务最大的误解,真正的线上零售的开展,是要做出更好的产品在线上卖。

因为按照原来的成本结构模式,<u>超级质量的产品是没有办法在线下渠道销售的,那种销售价格会非常昂贵</u>。能读懂这句话,就会获得未来 5-10 年零售发展的金钥匙。

从另外一个角度来说,新的传播会带来更高的信息对等,越来越多的消费者会了解产品生产的真实成本,会了解现在商业规则下的生产内幕,会有越来越多的人去找真正的好产品。肆拾玖坊为什么会有这么快的增长?是因为它以一个 300 元酒的价格,去叫板茅台的品质,瞬时就收割了大波的粉丝。

3. 未来的品牌，都应该是网红品牌

什么是网红品牌？网红品牌一定是根植于互联网的，所以网红品牌是不需要考虑传统零售的成本结构的。这是网红品牌和传统品牌最大的区别。在这个基础上，未来的网红品牌应该有哪些特征呢？

◎ 网红品牌一定不是大众品牌，而是小众品牌

这是非常重要的一点。不要再幻想在互联网上做一个大众品牌了，大众品牌的基因是大众渠道和大众媒体，而网红品牌依赖的是线上零售和新媒体，新媒体是高度的碎片化传播，所以，这种传播环境一定不会有大众品牌出现。

◎ 网红品牌一定有超级质量

靠裹挟渠道来卖普通货的时代已经过去了。所有的网红品牌一定要有超级品质的产品，否则，是没有办法建立长期的品牌积淀的。如果没有办法做到超级质量，那就不会形成网红品牌。

◎ 网红品牌一定有超级内容

未来的传播，内容才是核心，因为传播的媒体发生了变化，谁也不能长期使用一个广告片。内容部门，将成为决战下一个关口的关键所在。只有将内容做好，才能真正地把网红品牌运营好。

要点总结

这一节的内容是本书的核心，网红品牌最核心的就是产品成本结构，一定要有能力做超级质量的产品，如果产品质量不好，靠噱头、低价永远做不出来网红品牌。营销环境的巨大变化，让我们今天有了做好产品的机会，再也不用受渠道的掣肘，这是未来新零售的金钥匙。

新网红品牌四个核心要素

要想成为"网红品牌"，而不是"流量品牌"与"话题品牌"，需要一个系统的构建工作，网红品牌并不是简单地获取话题或者是打造热门话题这么简单。

1. 网红品牌实际上是重新搭建营销体系的过程

网红品牌实际上是线上的零售体系搭建的过程。传统的零售体系我们都会搭建，而线上零售体系的搭建，则是基于新的营销工具的一套全新的逻辑。

同理，网红品牌的诞生，取决于新的营销工具的变化。<u>在新的营</u>

销结构里，传播工具变成了新媒体，销售工具从以渠道为核心变成了以零售为核心。动销工作的场景从门店变成了线上的精准数据营销，只有把这些变化都能适应好，才能真正地打造网红品牌。

2. 网红品牌的增强回路

宗教学的"马太效应"，经济学的"赢家通吃"，金融学的"复利效应"，互联网公司的"指数型增长"，这些现象级的增长模式背后，都是一个关键核心理论——增强回路。比如，腾讯的社交，用户数量越多，对其他用户就越有价值，越有价值，用户数量就越多。这就是"社交增强回路"。

对于消费品企业来说，增强回路只有一个关键点——消费者。让你的客户有更好的体验，更好的信任度，让用户的销售叠加产生品牌效应，自然是构建增强回路的核心。

所以，网红品牌要想在互联网上获取用户的"增强回路"，就必须以"产品研发"为核心，驱动"用户体验"和"内容生产"，并且把这三个作为驱动"数据营销"的基础条件，这才能构成新网红品牌的完整回路。

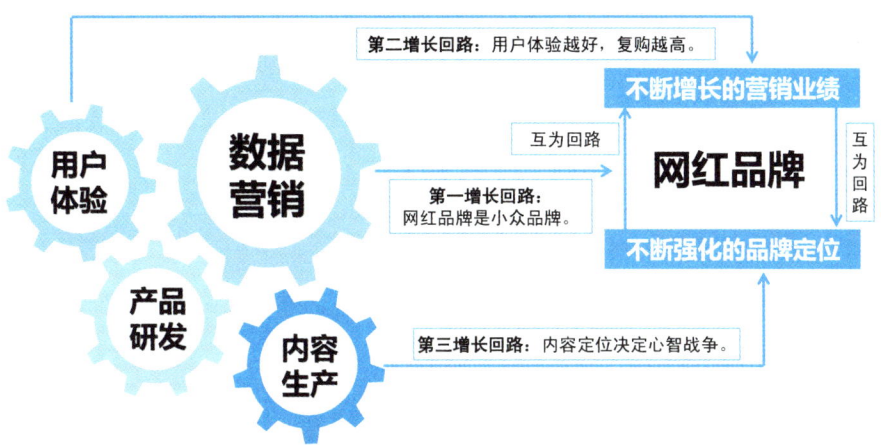

网红品牌增长飞轮模型

3. 新网红品牌的四个核心要素

要成为一个网红品牌，应该有哪些关键点呢？在现在的传播环境下，需要四个核心要素。

◎ 产品

产品研发是网红品牌的核心要素。在新的营销环境里，因为渠道的壁垒被打破，所以网红品牌的产品研发，应该是倾尽企业所有的研发能力去做的"绝对产品"。<u>什么是绝对产品？应该是用现在市面上产品的3-5倍的成本去做好产品</u>。产品的信息壁垒将会被打破，生产环节会变得越来越透明。未来的产品如果不是绝对的货真价实，可能很快就会被"扒光",暴露在互联网上。只有超级的、绝对的产品才能在市场上真正地立住脚。

产品研发会驱动两个因素,一个是内容生产,一个是用户体验。

◎ 体验

因为产品是绝对产品,用户收到好的产品之后,就会有绝对的体验,只有这样,才能构建一个完整的"增强回路"。当然,除了产品本身,网红品牌的线上服务,消费者收到产品的体验和参与感,也是在这个过程中很关键的环节。

复购率,一定是在未来的零售中要考量的一个关键指标。在传统零售环境里,复购基本上是由渠道结构构成的,渠道卖什么,消费者买什么,可供消费者选择的空间不是非常大。而线上的开放环境里,如果用户一次不满意,那么品牌方将很难有翻身的机会。

市场从零开始做不难,从负数开始做就要难很多。

◎ 内容

产品研发同样还驱动内容生产。准确地说,内容生产的前期定位工作,和产品定位的前期工作是统一的,这块工作叫作品牌定位,很多传统企业之所以线上营销做不好,很大程度上是因为线上的品牌定位没有做好。

网红品牌和传统品牌最大的区别是什么呢?

传统品牌的品牌构建绝大部分是基于地理位置，这种情况下，实际上对传播的要素要求不是特别高。而网红品牌，哪怕是再小的网红品牌都要面对全国的消费者，再加上新媒体普遍的传播周期是15秒，这就要求网红品牌的传播定位一定要准确。15秒钟的时间，把想要表达的东西表达清楚，推动用户购买。

在这个逻辑基础上，如何构建一个有动销能力的内容体系，就显得非常关键，我们在后续的课程中会对这个体系做详细的阐述。

◎ 数据

强调一点，在传统零售时代，靠的是"营销战略＋落地执行"；而在全网零售时代，靠的是"营销战略＋数据营销"。

好的产品做出来了，内容做好了，我们需要把这些内容精准地投放到目标用户那里，以便获得用户的首次体验和复购。

在传统零售体系中，这是非常难以实现的一项工作，因为几乎所有的零售渠道都是面对所有的消费者的。而线上营销不是这样，几乎所有的线上零售工具都可以支持精准画像的营销，或者说至少可以从几个维度的画像来描绘消费者。

我们一再强调，工具的变化一定会给营销带来突破性的革新，一定会打破一些旧的体系，重塑新的未来。淘宝、京东、天猫都有精准的用户营销工具，今日头条、抖音等新媒体平台也有先进的算法能够支撑精准的广告投放。新体系的建立，就是要把这两个方面的工作结

新网红品牌

合好，只要能够结合好，就能够完成精准目标用户的首次体验，这是驱动新网红品牌中最关键的环节。

要点总结

网红品牌的四大核心要素，已经同传统企业产生了非常大的区别。从目前的情况来看，能成功转型的传统企业非常少，能够做到颠覆性营销创新的传统企业更是少之又少，适应新环境，适应新工具，已经成为传统企业必须要突破的新课题。

流量篇

新营销环境下的流量货币论

 新网红品牌

新流量货币与营销模式构建

2020年下半年，随着营销环境、营销工具的日益变化，中国商业零售各条战线都发生着巨大的变化。实际上从2016年开始，商业零售在中国基本上就被分为传统商业零售、平台电商、社交电商这几个组成部分，最近这几年随着工具的不断变化和商业模式的不断进化，又分化成为社区电商、社群电商、内容电商、短视频电商等不同的商业形式。

1. 2020年中国电商全景大扫描

2020年，尤其是2020年下半年，随着以短视频为代表的内容平台不断走高，中国电商行业发生了非常重大的变化，这个变化表面上是商业模式的竞争，但背后却蕴藏着极为深刻的商业逻辑。我们先来总结一下2020年各条战线的整体表现。

◎ 平台电商（淘宝、京东、天猫）

流量困局是平台电商2020年全年的关键词，日子非常难过。主要

原因是二类电商对平台电商的冲击太大了，今日头条、抖音、快手等平台都开始电子商务的工作，淘宝、京东已经不再是消费者网上购物的唯一选择，这让本来就昂贵的站内流量一下子又流失了很多。2019年下半年，今日头条平台服装主播雨后春笋一样纷纷上线，平台电商在农产品、图书、化妆品、服装等品类的流失率非常高。所以，指望站内流量的平台电商，日子非常难过，很多商家全年的销量甚至不如去年的一半。

◎ 社交电商（微商、社交电商平台）

微商的日子，2019年难过，2020年更难过。朋友圈的流量几乎很难支撑微商的发展了，再被今日头条、抖音、快手冲击一波的情况下就更难了。到了2021年，有了视频号，情况好一些。2021年几乎很难看到哪个微商可以顺利起盘，能顺利做下去的，都是之前布局比较好，产品特征适合微商渠道销售的。

对于微商来说，可以预见的是，以层级代理为主要逻辑的微商（或者叫社交电商）几乎已经走到了终点。社交电商平台在2019年几乎没有动静了，2020年基本上就是销声匿迹，这种商业模式基本上退出历史舞台了。

◎ 微信生态的其他电商形式

微信生态的其他电商形成主要包括社区团购、社群团购、公众号内容电商。社区团购在2019年基本上完成了市场竞争，有能力存活下去的继续存活下去，但一多半社区团购因为本身商业逻辑的缺陷退出江湖。2020年巨头入局，个人玩家基本上没有空间。社群电商热度依然很高，但社群电商也有两个核心问题解决不了，一是社群电商的稳定性依然存在一些问题，二是无论怎么努力，社群电商在销售高附加值的产品上依然没有办法突破。公众号的内容电商在2019年出现重大拐点，因为朋友圈流量被短视频流量围剿得非常厉害，这类商业形式完全没有了往日的风光。

◎ 内容电商（短视频电商和直播电商）

我们也发现，2019年抖音平台带给我们意外的惊喜。2020年抖音平台的创业发展势头依然强劲，只是多了很多壁垒，对内容的要求高了很多，但依然是普通人创业的首选战场。我们不说像李子柒这样的超级IP，我们说几个普通人的例子，"Nice然姐"这个账号一条视频就可以全网播放上亿次。愿意追随然姐创业的人，500个人的群，加满了25个。上海和平饭店退休的厨师长薛老师，抖音号"薛老师的美食分享"上发布的一条"萝卜丝鲫鱼汤"就可以做到全网几千万的播放，上百万的点赞。邹小和拍的四川风味咸鸭蛋制作教程，地地道道的四川土话，竟然带来了200万的点赞和上亿的播放量。

短视频平台应该是目前流量最为充沛的平台，只要有足够好的内容，就不会缺乏流量，但2019年，绝大多数内容电商也很难解决产品附加值的问题。这种现象在直播电商的表现最为明显，但无论如何，内容电商的崛起，意味着新的时代已经到来。

2. 内容将成为下一轮的流量货币

内容电商的崛起，让我们惊喜地发现，流量居然也可以分文不花地搞到。这说明了什么？说明了内容已经成为分配流量的核心要素。也就是说，下一个阶段的流量货币，实际上就是内容能力。

流量的问题并不复杂，争来争去，争的实际上还是大家日常使用手机的时间，短视频的崛起，实际上是让很多在手机上闲逛淘宝、刷剧的人转移到短视频平台。大量的流量从视频网站、电商平台转移到短视频平台，这就实现了流量的再分配。

<u>优秀的内容则会在短视频平台内部的竞争中获取胜利，实现流量的站内二次分配。</u>获得流量原来真的可以分文不花，但你得有足够的内容能力。所以，在未来相当长的一段时间里，内容能力将成为新的流量货币。

3. 营销模式构建的核心要素

流量逻辑发生了重大的变化，相对应地，要在新的流量逻辑下做好营销工作，营销模式也会发生重大的变化。在研究如何构建营销模式之前，首先必须搞清楚，一个完整的营销模式到底包含哪些因素？在未来的很长一段时间，像社交电商这种天然不太完整的营销模式的生存空间会越来越小。

一般意义上说的营销模式，简单来说就是针对消费人群定位和生产一种产品，通过传播工具对目标人群进行传播，让他们了解并且愿意购买，在购买体验完成之后还愿意重复购买的过程。

这是所有营销模式设计的初衷，如果有营销模式并不是按照这套逻辑设计的，那么就可以说这样的营销模式动机不纯，实现不了永续经营。绝大多数社交电商的商业模式都会偏重于渠道激励，这在长期看来稳定性会比较差。在这里边有几个关键点：第一，产品很关键，良好的产品是实现永续经营的基础；第二，传播很关键，只有传播出去，让别人知道产品的功效和益处，才能吸引别人购买；第三，购买需要有一个场所，无论是传统零售还是各种形式的电商，这个场所一定要稳定，否则的话，当用户需要再次购买的时候找不到你，你就前功尽弃了。销售场所一定是在不断的累计和复购的过程中，逐渐成为消费者购买的首要选择的。

这也是为什么传统的层级制微商在 2020 年会走向终点。因为层级制微商缺乏一个最关键的元素，就是稳定的销售场所，相对于传统的实体零售和电商店铺，微商是非常依赖"人"在整个渠道体系里发挥作用的，这种渠道体系，除非是产品非常适合社交化销售，否则，"人"作为渠道的稳定性是非常低的。所以，我们会看到当"人"都愿意去做微商的时候，这种业态会蓬勃发展，当"人"做微商的积极性都没有了的时候，这种业态也会崩盘得很快。

当然，这是极为简单的一套逻辑，也是最基本的逻辑。至于如何定位产品，如何让传播更有效果，则涉及一部分品牌学和传播学的知识，将这些知识嫁接到这套营销模式上，会让营销模式运转得更加精准有效。

4. 如何去搭建一套全新的营销模式？

<u>一个完整的营销模式应该有三个核心要素：产品、传播、购买场所</u>。要搭建好一套完整的营销模式，就要重点研究一下这些要素能用什么工具来实现。工具的出现，是为了让营销系统的运转效率变得更高。因此，工具的革新才是营销变革的核心动力。只有工具越来越专业，营销的效率才会越来越高。

第一个核心要素是产品。产品自然不用说，只要是想来做生意的，都有产品，但产品和产品千差万别，如何让产品更好卖是产品学的知识，在产品体系里，会有专门的一章来讨论这个问题。

第二个核心要素是传播。传播在最近这半年发生的变化比较大，这里边有一个核心的逻辑，从电商平台到短视频平台，传播已经从中心化传播转变成为非中心化的传播了，这将是非常大的商业红利。

平台电商的传播是基于站内流量的传播，所以在这种情况下，店铺都会去买好的位置，以便带来好的流量，这也是平台的基本逻辑，直通车、快车、钻展都是这样的产品,这是中心化流量的最大特征。也就是说,只有有能力搞到最好的传播位置,才会带来最好的销量。所以,电商人的核心能力是引流能力和转化率。

今天短视频平台提供的是一种专业化的传播工具,只要有足够的内容生产能力,你就会不缺观众,而且内容平台会给你匹配越来越多的观众。以抖音为例,抖音从下到上共有八个流量池,只要你在一个小流量池里变现得好,就会被持续往上推。这是去中心化传播的最大特点。

第三个核心要素是购买场所。购买场所在广义上可以被引申为"销售闭环"。举个例子,前边我们讲到了"Nice 然姐"抖音号吸粉百万,全网过亿的播放,500个人的群加满了25个,这些人愿意跟着然姐做微商,就是这个体系自己的闭环。当然,然姐的微商项目产品卖得动卖不动我们不得而知,但至少在这个吸粉引流到转化阶段,是一个完整的闭环。

邹小和做咸鸭蛋的视频在抖音平台获得了200万以上的点赞,可能是他真的没有成熟的咸鸭蛋的供应链,否则真的很难想象上亿的浏览和播放得带来多大的销售订单。

电商的闭环是需要把传播平台和销售平台建立一个关联,让所有看过了视频想买咸鸭蛋的人,去销售平台下单。如果这个咸鸭蛋真的非常好吃,那么下一次消费者就会自己到店铺里下单购买,完成一个营销模式的闭环。

5. 电商平台是最好的零售闭环工具

一个完整的营销模式，需要产品、传播、购买场所三个核心要素。其中产品是解决"卖什么"的问题，传播是解决"卖给谁"的问题，购买场所则是解决"怎么卖"的问题。为什么很多人在抖音上搞了很多粉丝却没有商业变现，就是这个道理，因为粉丝不会实现商业变现，变现需要我们根据自己的产品去做推广，直到完成销售，才是完整的闭环模式。

毫无疑问，最终完成销售闭环的一定是电商平台，因为电商平台是最专业的零售工具。有很多人说，今日头条也可以卖东西，也可以直接销售产品。但绝大多数人的行为习惯并不是在内容平台上购买。<u>做营销切忌和用户的行为习惯较劲，因此，尽早地让传播平台和销售平台建立有机的联系和互动，才是关键。</u>

所谓完整的营销模式，就是将营销模式中的各个关键要素都用最好的工具做好，并且通过技术手段让它们关联在一起，这样的话，我们就可以最大程度地顺从消费者的行为习惯，搭建一套最有效率的营销体系。也就是说，无论你是卖农产品的返乡创业青年，还是化妆品、服装电商企业的负责人，只要你想清楚了这个道理，未来的营销工作就成功了一半。

新网红品牌

要点总结

旧的流量货币已经过时，新的流量货币已经来临。内容作为新的流量货币将在未来五年发挥着举足轻重的作用，学会使用流量货币，并学会在这种流量货币的基础上进行整体的营销结构的梳理搭建，是一件非常重要的工作。根据不同平台的流量属性，让每一个环节都使用合适的工具。

网红品牌不做商业流寇

毫无疑问，在过去二三十年的时间里，"流量"是中国商业最火的一个词，从传统零售的人流，到电商时代的流量，只要有能力获得流量，就意味着可以赚到更多的钱。

这种状况在近年来的表现更为明显，互联网工具越来越多，而且日新月异，这就意味着几乎每过一段时间，互联网大盘就会有流量的分配变化。在支付宝和微信支付这种线上工具成熟之后，几乎每一次流量的变化，都会带来新的商业机会。

1. 何为商业流寇？

很长时间以来，对流量的追逐在所有人的心中都是最重要的事情，电商如此，微商如此，甚至到了朋友圈流量没办法转化之后，竟然能再制造出各种各样的引流方式。

<u>但搞营销就是要跟着流量跑吗？就一定要做商业流寇吗？</u>确实，随着营销工具的进步，我们几乎每过一段时间就会看到一种新的商业形态出现，2019年上半年，社区社群团购火得一塌糊涂，下半年直播电商也火得一塌糊涂。这种情况下很多人就会去跟进，像没头的苍蝇一样，哪里流量多就往哪里钻，但事实上绝大多数人都没有分到红利。有人把这一部分人称为"商业流寇"，我个人认为还是非常形象的，"流寇"本来是用来形容流窜的草寇，这里也是"流量"的"流"，一语双关，非常形象。

2. 为什么大多数商业流寇抓不住流量的红利？

这些人发现新流量机会的能力很强，但却很难真正抓住商业的红利。这是为什么呢？道理非常简单，随着市场环境的不断变化，要想抓住红利的门槛越来越高，因为工具对专业度的要求越来越高。

举一个例子，2019年上半年社区团购非常火，很多人就入局社区团购，但真正做的时候却发现，社区团购想赚到钱是非常难的。这些人觉得把生鲜业务作为主力产品和线下零售与电商竞争就可以获得用户,但他们不知道,单独的生鲜业务很难成为一个独立的运营体系。几乎所有超市的生鲜业务都在亏损,你有能力把一个亏损的业务做到赚钱吗?很多人说,我用生鲜业务获取客户,再导入其他的百货高毛利产品就可以赚钱。但事实真的是这样吗?且不说你自己的百货类产品价格要拉到多低用户才会买账,真正的现实情况是,哪怕一个5元钱的杯子,很多人都先去淘宝上多看看,去比较一下,这种百货类的产品场景在线上,很难拉到线下去。

再举一个例子,2019年下半年直播电商非常火,很多人纷纷进入这个领域,但真正能赚到钱的几乎没有。为什么没有赚到钱呢?是因为商业流寇只会在流量的指导思想下做生意。直播电商是一个有高度专业性的工作,流寇们不懂品牌逻辑,不懂产品逻辑,所以流量思想指导下要想提高转化率只有一个办法,就是大幅度提升产品的性价比,实际上就是比拼供应链的能力了。而绝大多数商业从业者自己又很难拥有一手的供应链。

这个过程不仅自己没有赚到钱,反而把这个行业的利润水平越拉越低,把客户越养越刁,偷鸡不成蚀把米。毫不客气地说,到2020年上半年,中国80%以上的直播机构要"玩儿完"。因为行业的平均利润水平已经不能支撑这么多竞争者一起干这件事了。

我们静下心来想一想,直播到底是一个什么业态?应该怎么玩?李佳琦和薇娅确实厉害,但真正的当红"大炸子鸡"李子柒,你见过她整天直播吗？她为什么不整天直播，找各种性价比高的产品来取悦她的粉丝呢？是因为李子柒和她的团队很明白直播在其整个体系里扮演了什么角色，并不指望直播变现作为救命稻草。

3. 未来的商业，会是系统战、专业战、品牌战

所以，未来"短、平、快"变现的事情可能越来越少了。所有的零售行为都会发展成为系统战、专业战、品牌战。在 2019 年，我们也看到，很多品牌的全新零售模式已经做得非常好。像钟薛高，已经牢牢占据了互联网第一雪糕品牌，20 多元一支的雪糕全网卖到断货；完美日记仅用了两年就成为天猫美妆第一品牌；海洋之风益生菌牙膏卖68 元一支，全网月销数千万支。相对于到处高流量的快速变现，这些例子对我们来说更具有借鉴意义。

换句话说，无论市场怎么做，无论营销模式怎么设计，有一个好的产品，一个精准的品牌定位，一套稳定的营销结构能够直接零售，这样的企业就很难有生存危机。从流量的角度来说，2019 年的流量已经很难搞了，2020 年的流量将会更难搞。与其到处搞流量当商业流寇，不如把精力放在品牌打造和零售体系搭建上。优秀的内容可以拉动成功的营销。优秀的内容已经成为品牌营销的核心，钟薛高和海洋之风的成功也非常直接地证明了品牌定位和内容营销的关键作用。

4. 网红品牌思想将成为未来五年的主流营销思想

网红思想的精髓，实际上是构建一套完整并且独立的营销体系，它实际上是在构建一套小而美的商业新闭环。小而美的商业新闭环不需要过多的流量去支撑整体运营。但<u>精准的品牌定位、卓越的产品表现能让网红品牌收获一批铁杆的支持者，这将会是未来五年的主流营销思想，会给很多人带来转型的历史机会。</u>

对于很多传统企业来说，在过去的几年不断地给电商、微商做供应链支撑，挣着可怜的代工利润。现在就是最好的机会，因为网红品牌时代的来临，会让传统企业有更多的机会拥抱消费者。

对于微商来说，受困于微商代理不好招募，微商团队不活跃，现在也是最好的机会，因为微商的代理模式并不稳定，只有建立了稳定的零售体系，才能收获品牌的红利。

对于网红，对于微商大团队长，网红品牌思维更会给这部分人带来巨大的机会。我们可以看到，以李子柒为代表的网红已经逐渐通过内容输出、产品开发，把自己逐渐从"网红"过渡到了"网红品牌"，通过整个体系的竞争优势，获得了很好的营销回报。

这是最好的时代，深度理解网红品牌思维，就不需要到处跟着流量跑，就能收获这个时代最大的红利。

要点总结

2021年新零售不能再做商业流寇。有时间到处搞流量，不如好好地打磨一下自己的零售体系。将内容生产和零售平台建立成一个高度协同的体系。把新媒体平台和电商平台完全打通，打造一个全新的营销体系，这个体系，将成为未来五年的主流营销思想。

2021年的流量发生了哪些变化？

流量思维会让我们的营销工作变得效率低下，因为流量思维纯粹就是用转化率堆积的商业模式，流量思维本身并不具备太多的增加附加值的能力。但在商业架构中，流量本身就是市场的来源。所以，我们要进行网红品牌营销体系的构建，就必须了解清楚流量本身在最近这段时间发生了哪些变化，流量下一步的整个发展趋势是什么。只有这样，我们才能够更准确地把握住未来营销的脉搏。

1. 何为"流量"？

2020年对于绝大多数新零售从业者来说，最残酷的事情就是流量的匮乏，流量都到哪里去了呢？要回答这样一个问题，我们首先要明白流量本身是什么。做一个通俗易懂的解释，我们普遍意义上理解的流量，就是用户使用手机的时间分配。用户在逛淘宝、京东，这就是有购买需求的商业流量；用户在刷朋友圈、微博，这就是社交流量；用户在看短视频段子，这就是娱乐流量。

对流量的抢夺，实际上就是"占屏的战争"。"占屏的战争"，顾名思义，哪个APP(应用)占据手机屏幕的时间越多，哪个APP的流量就会越大。对于我们来说，需要清楚地知道手机占屏时间变化以及这背后蕴含的道理，我们就可以对未来的商业发展有更清晰的认知。

2. 短视频电商和直播电商高速增长，导致了电商流量降低

在2019年以前，用户使用手机打发碎片时间的主要选择是刷剧、逛淘宝、打游戏。但在2019年，因为短视频平台的崛起，很多用户就把相当一部分时间用在了在短视频平台上看段子。这实际上分散了很多用户的时间，导致电商平台闲逛的流量降低了。也就是说，因为内容平台的出现，大流量池里的流量，会往内容平台进行很大的倾斜。这种倾斜带来的后果就是购买链路发生很大的变化。原来我们买东西会直接去淘宝和京东，但内容平台出现后，我们可能会出现因为内容平台的推荐产生购买这种场景。这种场景红利在抖音、快手、今日头条都出现过一段时间。

需要强调的是，短视频流量本身并不是商业流量，只是娱乐流量，

娱乐流量作为传播工具是非常合适的，但作为交易工具，这种购买行为一般以冲动型购买为主。冲动型购买场景的特征也非常明显，比如购物决策时间很短，产品的单价比较低，用户本身对产品并没有多少期待等等。

3. 视频内容实现了从长到短的突破，让传播发生了本质变化

短视频平台的崛起带动了大量的用户，产生了大量的内容创作者。在抖音出现之前，主流的视频平台是腾讯、优酷、爱奇艺，主要的内容则是电视剧、电影、综艺节目。

因为抖音的出现，传播形式发生了重要的变化。原来不愿意刷剧，觉得刷剧浪费时间的一部分人，开始看短视频。因为他们觉得，短视频时间短，可以不受剧情影响，随时结束观看。

这是短视频最主要的特征。这也就意味着，未来所有的营销推广，都会集中到15秒的短视频广告里，甚至说，关键点就在这15秒钟广告的前两三秒能不能吸引住用户的目光，这个特征将会对未来的产品营销方式产生重大影响。

4. 短视频实现了链接跳转，零售链路发生了重大的变化

用户可以根据在短视频平台上看到的产品信息进行产品购买，因为短视频平台本身是一个内容平台，平台之上充斥着各种各样有趣的段子，更加容易促进冲动型购买。这样就会让很多原来逛淘宝的人开始刷抖音，造成了电商平台冲动型消费的流量下降。

这个全新的零售链路至少可以解决两个问题：第一，可以让用户直接产生购买，这是最理想的结果。第二，即便不能产生购买，也会有机会让用户到店里边看一看，去了解一下品牌的定位，去了解一下产品的具体功效，这就可以帮助我们在消费者心里占据一个属于我们自己的位置。

5. 跳转链接，不是传统企业抓住新媒体营销的救命稻草

为什么很多企业的新媒体推广ROI数据非常难看？2019年下半年，很多企业也在短视频平台做了很多的商业推广，但效果并不好。举个例子，线下零售超级品牌六个核桃2019年下半年在新媒体上做了大量的推广，但效果非常不好，除了在短时间增加了一些品牌曝光之外，电商数据并没有明显增长，2020年几乎很少再有企业继续尝试这种方式了。

2019年流量大盘的变化趋势，可以很好地解释类似这种推广ROI

数据难看的原因。因为六个核桃所推广的产品并不是冲动型消费产品，你指望购买链接跳转来产生销售，实际上只是给用户提供了一种购买的可能性，但这并不是用户的习惯，更不可能成为用户的首选。除此之外，<u>决定类似产品的购买因素还有很多，绝大多数用户也不可能因为新媒体平台可以提供跳转链接，就会从这里购买</u>。

这里当然还有一种可能性，就是把非冲动型消费产品变成冲动型消费产品。怎么变？降价，促销，搞活动。但这样做就会陷入"不促不销"的怪圈，得不偿失。所以，跳转链接并不是传统企业抓住互联网的救命稻草，准确地说，应该是达摩克利斯之剑，一着不慎，后患无穷。

6. 未来的电商是多工具、多平台的融合电商

流量本身的战争是用户使用时间的战争，2019年流量趋势的三大变化，让短视频平台分走了不少原本应该属于电商平台和长视频平台的流量。对于电商平台来说，冲动型购买流量、闲逛型购买流量的相当一部分已经转移到了短视频平台。相对而言，未来的电商平台可能会成为精准购买的承载平台，流量的质量会有提升，用户会更加精准，这对商家来说是一件好事，毕竟面对精准购买人群总是比面对夹杂着闲逛人群的非精准人群要好很多。

当然这并不是世界末日，流量发生变化的结果意味着流量会变得更集中、更专业。如果有能力将各个平台的流量进行统筹，这将会是

新网红品牌

非常好的市场机会，未来的电商是多工具、多平台的融合电商，只有准确地把每一个平台都定义好合理的位置，统筹经营，我们才能取得更好的经营业绩。

要点总结

2020年，整个互联网流量格局发生了重大的变化，短视频平台的崛起和技术的进步，带来了很多新的机会，但要想把这些机会统筹在一起，必须要有营销思想的底层支撑，用营销思维来统筹销售，就会取得比流量思想更大的进步。

基因篇

流量基因与营销思维统筹

新网红品牌

流量思维和营销思维的博弈

了解清楚流量发生了什么变化,我们就可以对接下来的营销工作进行布局。但在布局之前,我们需要清楚地了解流量思维和营销思维这两大思维方式,对营销目标带来的影响是什么,营销思维是下一个阶段电子商务的核心思维,也是网红品牌思想的重要依据和支撑。

对于目前的传统电商从业者、短视频电商从业者和直播电商从业者来说,读懂了这里边的基本逻辑,就能够回答为什么2019年的销量会下滑这么厉害,为什么2019年的投产比数据会这么难看,为什么2019年的直播赚不到钱。

1. 流量思维的万能公式和适用空间

在过去的十年什么思想最赚钱?毫无疑问是流量思想。在过去的十年里,有能力搞到流量就意味着有能力赚到大钱。所以,电商行业里有一个公式:GMV(商品交易总额)=UV × 转化率 × 平均客单价。在过去的十年,这个公式就是电商行业的真理。

但这个公式的使用是有一个前提条件的,就是行业的平均利润率要大于流量的获取成本,只有这样,才能支撑住竞争者不断入局。电商刚刚兴起的时候,因为对标的是传统零售,可以直接面对消费者,所以电商是有足够的利润空间来获取流量的。这样的好日子大概持续了十年。但随着入局电商的人越来越多,获取UV的成本越来越高。为了提升转化率,电商不得不在平均客单价上下功夫。客单价降下来,利润降下来,在早期的时候也可以维持。但最近的几年,流量的获取成本很多时候已经开始大于行业的平均利润了。到这个时候,这个公式可能就不那么灵了。

我们可以看到,在电商平台,开放的竞争环境是一个典型的劣币驱逐良币的市场环境。为了获取流量,就要不断地进行流量费用的投入,为了获取利润,就不断地去降低产品的成本。所以一般意义上来讲,我们很难在电商平台上买到非常惊艳的产品。同理,作为商家,除非是行业高手,我们也很难在电商平台上获得什么附加值,能在站内做到品牌附加值的,凤毛麟角。

那么为什么会带来这样的局面呢?道理也很简单,因为在2019年之前,平台电商是一个完全封闭的市场环境,中心化流量能力非常强。对于平台来说,最希望看到的是站内竞争越来越激烈,因为只有站内竞争激烈了,广告位才能卖出好的价格。所以,在过去的十年,淘宝、京东平台的广告产品不断更新换代,而且花样越来越多。

2. 再依靠流量思维，终将会被淘汰

电商人是真的需要更新换代了。中国绝大多数电商人是把"引流"奉为绝对公理，几乎所有的操作都是奔着引流去做的。这一套逻辑在过去可能行，但在 2020 年以后，如果还是只会搞这些，将很快会被市场淘汰。

想想今天的直播，难道不是这个道理吗？李佳琦和薇娅是很厉害，但是他们再厉害，也需要获得淘宝的流量支持啊。我们要想成为李佳琦和薇娅，就必然要在流量获取上花很多钱。直播位置、浮现权难道不是淘宝的新的广告产品吗？从另外一个角度来看，<u>李佳琦和薇娅能卖得动高附加值的东西吗？答案是否定的，如果没有全网最低价，这种商业模式根本就不能成立</u>。这就是流量思维带给我们的困局。

3. 短视频平台将支撑营销思维走向前台

营销模式有三个核心要素，产品、传播、购买场所。也就是说，我们需要用一定的办法向真正需要我们产品的人传播推广，把真正需要我们产品的人引入我们的店铺里来购买。良好的产品质量、精准的品牌定位与传播、优越的购物体验是这三个核心要素的重要标准，也是产品提升附加值的关键。在平台电商的时代，因为触达用户的成本太高，我们很难把这三点都做好，或者说，即便是我们能

做得很好，在电商封闭的生态环境里，如果得不到展示，很快也会没有销量。

短视频平台的出现彻底打破了这种格局。

为什么这样说呢？因为短视频平台本身并不是一个电商平台，而是一个信息流平台。短视频平台生存的核心要素，就是必须要有越来越好的内容提供给用户。这就好比电视台，为什么湖南卫视的收视率最高？因为湖南卫视的内容做得好，大家都喜欢看。短视频平台也是一样的，只有提供更好的内容，才会有更多的用户，短视频平台本身才会更具有价值。

正是因为这个原因，抖音平台的算法就有着本质的与众不同，抖音从上到下分了八个流量池。如果内容足够好，它就会一个接着一个往上推。这就释放了一个巨大的红利。也就是说，只要内容做得足够好，流量的成本要比在站内做便宜得太多了。再加上现在的短视频平台都有一部分商业零售功能，我们可以这样说，今天的短视频平台，已经不仅仅是一个传播工具，而是一个传播零售一体化的工具。

于是未来的零售就成了一个这样的链路：通过短视频平台传播获客，通过技术手段和电商平台产生关联，最后把购买沉淀在电商平台。熟悉电商平台规则的人应该都知道，如果我们有能力把流量从站外引到站内的话，电商平台也同样会给你匹配一部分站内流量，这是一举多得的事情，既解决了流量的入口，又能被电商平台重视。

4. 读懂营销思维，重塑营销体系

营销思维只有一个关键词，就是精准。抖音平台的流量池也并不是精准的流量，但只要内容做得足够好，你就会有更多的曝光。虽然这个流量不精准，但看到你的内容，愿意到你店里的人，都是精准流量。再强调一遍，这些流量的成本，要比平台电商的站内营销成本低太多了。

未来的营销将全部集中在15秒的短视频上，甚至是15秒短视频的前3秒，能不能让用户看完，继续看下去，这将成为最硬核的竞争力，也会成为绝大多数企业营销工作的全部。<u>15秒的内容做得好，流量一毛钱都不用花，15秒的内容做得不好，还是要回到老路子，花钱买流量。</u>别人的营销水平都可以做到流量免费了，花钱买流量就注定不会有什么竞争力了。

所以，以短视频为起点的内容营销，将成为用营销思维重塑营销体系的关键。短视频有天然的长处，只要短视频内容得到突破，就会有源源不断的流量来源，承接好，经营好，才能在激烈的电商竞争中，获取差异化的竞争空间。

要点总结

流量思维是永远都摸不到附加值红利的，在流量思维体系里，只有转化率、性价比、劣币驱逐良币，所以我们只有坚持用营销思维做工作，才能真正取得成功。

基因篇：流量基因与营销思维统筹

从流量基因到营销结构

新的零售时代，要求我们要搭建一个符合当下环境的营销体系。那么什么叫作符合当下环境的营销体系呢？把当下所有能够用到的工具全部整合在一起，搭建一套能够有效运转的体系，就是符合当下环境的营销体系。

举个例子来说，短视频很好，但是在抖音上能赚到钱的不多；直播也很好，但真正靠直播挣钱的也只有大主播，绝大多数人是赚不到钱的。在上一个体系里我们讲过了，流量思维只能够让产品越卖越便宜。这些结果，都是因为自身的营销体系搭建不够完整。那么，要想搭建一个把所有的工具都用起来的营销体系，应该怎么去做呢？

1. 一切流量皆有基因

要搭建好一个体系，就得首先找能够搭建体系的工具。这里有一个非常重要的概念，叫"一切流量都有基因"。这是互联网的基本属性。理解了这个道理，就可以明白为什么很多事情能成功，很多事情就注定成功不了。

举个例子来说，为什么腾讯系这么厉害，却不自己做电子商务？为什么阿里系的来往聊天软件会做不下去？为什么微商过了红利期就会断崖式下跌？这都是流量基因在发挥着巨大的作用。中国最大的购买流量是什么？毫无疑问，肯定不是朋友圈，也不是所谓的社交电商平台。这些通通加起来也比不过平台电商的九牛一毛。最大的购买流量一定是淘宝、天猫、京东。从这个角度来说，我们要想把产品卖好，首先要知道消费产品的人在什么地方。一般意义上讲，消费者对99%以上的产品需求，都会在电商平台上呈现。我们可以说，淘宝、天猫、京东的基因，是零售基因。对于我们来说，想卖产品，却不去买东西的人最多的地方，那我们应该去哪里呢？所以，对于2021年来说，不要再想着那些什么裂变、起盘的投机取巧了，电商平台一定是第一战场，因为这里有最多的买货人。

平台电商的基因是零售基因。它只能干好零售的事情，别的事情它不能干，而且也一定干不好。所以，我们会看到，阿里系的来往注定会失败，因为来阿里生态的人的核心诉求是购物而不是社交。同理，腾讯系一定也没办法获得自建电商平台的成功，因为来腾讯生态的人都是为了社交而不是购物。腾讯只能转而成为京东的第一大股东来完成对电商平台的布局。腾讯没有办法自己完成这个工作，但腾讯系的体系足够大，可以通过收购当时还不算强势的京东完成布局。

我们可以延伸一下，与社交基因最具关联性的是什么呢？没错，是娱乐，所以你就可以理解为什么腾讯的游戏会做得这么好，因为腾讯有强大的社交基因流量，可以往游戏平台上去倒流。这种倒流的转化率会非常高。这个道理就如同两个正在聊天的人会商量一下开始打游戏，而两个正在逛街的人无论如何商量，也很难会一起开始打游戏。这就是基因的力量。有很多事情并不是你体量大、有钱、有用户就可以搞得定的，基因在发挥着强有力的作用。

传播也是一样的。现在中国最大的传播流量在哪里？毫无疑问，在以今日头条平台为代表的图文、短视频、直播平台。我们现在都知道了短视频平台可以做产品销售，那么是不是说今日头条平台可以做电商了呢？答案同样也是否定的，因为今日头条平台的基因是传播。几乎没有人会跑到今日头条平台去搜索产品购买。绝大多数人还是奔着看看、玩玩、买买的心态来今日头条平台。这种平台仅仅适合冲动型消费产品，要么这个产品价格很便宜，要么这个产品性价比非常高，正儿八经地卖东西，今日头条平台是非常难的，几乎不太可能。而且今日头条平台作为一个商城平台，它的功能比起淘宝、天猫、京东差得太多了，基本不太适合做一个长期的销售阵地。

2. 社交电商为什么会走下坡路？

明白了这个道理，我们就可以很清楚地知道为什么微商在 2019 年之后会走向衰败。因为社交流量并不是商业流量。我们可以说，社交流量具备一部分商业属性，但把社交流量当作商业流量去耕耘，注定没有什么好的经营结果。

毫无疑问，2019年社交电商的各个战线都在走下坡路，这是为什么呢？原因就是社交电商赖以生存的社交流量内在发生了很多变化。活跃度降低，参与度降低，都是社交电商走下坡路的原因。没有人习惯于在朋友圈里买东西，即便你整个商业体系设计得再好，但朋友圈毕竟不是商场，注定不能继续用商业的目光来看朋友圈。

其实社交电商在很长一段时间都是在宣称卖"商业机会"。商业机会当然是可以在社交场合售卖的，只是因为绝大多数被微商售卖的商业机会并不怎么靠谱，时间一长，大家对朋友圈里的各种商业机会逐渐无感，朋友圈也就渐渐失去了它的商业价值。

这个道理对社交电商平台也是一样的，几乎可以预见，绝大多数社交电商平台在2021年、2022年也不会有好的经营结果。越是大而全的社交电商平台越会走得艰难。平台越大、产品越多，就越会把自己逼向和京东、天猫、拼多多竞争的死胡同。真正有发展潜力的是高度细分垂直的社交电商平台，因为垂直类的产品，由于产品本身的特殊性，是符合社交化销售场景的。

3. 营销结构的搭建是高度基于流量的基因

我们理解了"一切流量都有基因"的道理，就应该知道如何去构架一个稳定的销售结构了。这个道理很简单，定位策划好一个产品，做好产品包装，依据产品定位去生产内容，去有传播基因的平台宣传。

现在最好的传播平台肯定是短视频内容平台，这里的人多，大家也愿意看，况且现在的传播平台都支持产品跳转链接了，如果用户觉得好，就可以直接跳转到我的淘宝、天猫、京东店里购买，因为这里是具备零售基因的平台，如果用户买完之后体验好，以后就可以长期在店里复购了。

这就是一个完整的销售结构，非常适合于现在的营销环境。内容平台（也就是传播平台）和电商平台必须实现一个有机的结合，才能真正地把这个结构搭建起来。

4. 电商平台和短视频平台的商业零售闭环都不完整

我们可以这样说，在现在的营销环境下，电商平台和短视频平台作为独立的商业零售闭环，都不完整。短视频平台作为品牌传播，作为用户首次购买的场所非常好，但是想作为长期的零售工具难度较大，因为这个平台支撑复购不太符合消费者习惯。消费者复购的时候当然是希望有一个稳定的电商平台。

现在说电商平台作为商业零售闭环并不完整，实际上是有点过分的。电商平台之前是完整的，有一套自己的核心玩法。这么多年，商家在站内也竞争得不亦乐乎。<u>但是在短视频平台出现后，由于短视频平台在传播上的领先性，让电商平台的流量算法机制落后了。</u>

5. 所有的销售应该在电商平台承接

我想开店卖东西，之前我只能够在平台电商的站内做推广，但今天，因为短视频的出现，我可以对短视频平台上的人进行内容投放，让他们来我店里买东西。这样的话，我们对站内流量就几乎没有什么依赖了。店铺，仅仅作为一个零售的工具而存在。

我曾讲过薛老师发布萝卜丝鲫鱼汤的例子，如果薛老师能够卖冰鲜的鲫鱼，他会卖出去多少？而他根本不需要淘宝、京东站内的流量就可以完成这件事情。

但我们还是要把最后的销售沉淀在电商平台上。把销售沉淀在电商平台有什么好处呢？第一，电商平台对销售的沉淀更专业，评价体系更完善。第二，如果商家有能力从站外引流的话，那么平台本身也会给你匹配一部分购买流量，这时候，你只需要把店铺经营好，就可以取得营销的成功。

要点总结

任何流量都有基因，基因决定了这些流量在营销体系里的位置。我们对营销体系的搭建，就是根据各个工具在营销体系里能产生什么作用。只有这样，各个工具才能负责它们最专业的板块，我们才能真正地建设一个高效、稳定的营销体系。

品牌与产品篇

良币驱逐劣币的产品逻辑

新网红品牌

网红品牌应该卖什么样的产品？

我们在前面"趋势篇"的内容里已经描述了一个比较清晰的营销体系构建。也就是我们需要给内容平台和电商平台建立一个有机的联系，从内容平台做内容推广，把用户吸引到电商平台，在电商店铺里成交，如果用户觉得我们的产品足够好，他们就会继续在我们电商店铺里复购，因为这是非常符合用户习惯的事情，这样搭建的营销体系，各个功能模块都能发挥积极的作用。

1. 网红品牌产品研发方向

网红品牌应该做一个什么样的产品研发？这是一个很关键的问题，如果产品的定位没有做好的话，那么我们就很难在电商平台做起量来。有很多人说，我们要做性价比高的产品，价格便宜点，卖得多一点。但是低附加值的产品往往竞争激烈，市场的壁垒也会比较低。也有人说，我们要卖高品牌附加值、高价格的产品，但高附加值的产品到底是什么样的产品？

很多人做电子商务都会把工厂生产的产品直接拿过来卖，这样做对吗?传统渠道的产品适不适合在线上销售?网红品牌是不是就是传统零售品牌在电商平台上换了一个说法?

如果我们想要像海洋之风一样,把一款牙膏卖到68元,并且月销千万的话,我们应该如何定义自己的产品呢?这是一个核心问题,也是本书反复讨论的问题。我们首先要明白,产品的生产成本越高,<u>产品就会越好,这是必然的,毕竟一分钱一分货</u>。那么在这里,我们先来讨论一个问题,在传统零售和电商时代,产品的生产成本是由什么决定的呢?

很多人会说,产品的生产成本是由生产产品的原材料决定的。但事实真的是这样吗?我们在前边的内容里讲过一个例子,如果要生产一个超级好的方便面,光面饼成本就要2元。加上包装材料和配料,原材料成本差不多要3元。根据传统渠道、电商渠道的加价率,这个产品在终端和消费者见面最起码要卖10元。这样的产品有机会做起来吗?

不能说没有,但这种机会非常渺茫。在中国,几乎所有的方便面面饼的成本都不会超过0.5元,如果超过了,这个产品在终端,甚至包括电商,就不会低于3元。而如果产品的零售价格超过了3元,那就意味着销量会大幅度下滑。

所以说,在传统零售和传统电商的世界里,产品的生产成本实际上并不是由生产产品的原材料成本决定的,而是由产品的终端零售价格倒推出来的。一般来讲,产品的生产成本就是终端销售价格的30%

左右，因为在传统零售和电商体系里，我们要支付很多钱在渠道费用、代理商费用、流量购买上。这样实际上我们是没有多大空间在产品上做深度研发的。这也是我之前给大家讲过的逻辑，传统零售和平台电商，都是劣币驱逐良币的模式，竞争越激烈，对成本的压榨就越严重。

2. 网红品牌的营销体系，是一个双向低成本的体系

网红品牌的营销体系，具备天然的双向低成本结构。从传播层面上说，网红品牌的营销体系，依赖的是新媒体平台的去中心化流量。也就是说，理论上讲，只要是有能力做出超级优秀的内容，流量的成本几乎是可以忽略不计的。而内容传播会给网红品牌带来很多全网的品牌影响力，这些影响力会在电商平台有一个突出的回报，会转化成为电商平台的精准搜索。

另外一点，因为电商平台都是直营体系，成本相比传统渠道要低得多，这样的话，也可以节省很多渠道的费用。所以网红品牌的营销体系，是一个全新的双向新成本体系。在这种情况下，我们需要做的事情就是做出来超级好的产品，通过新媒体找到用户，让用户在电商平台上购买。如果产品非常惊艳，用户就会在电商平台上不断复购。

网红品牌的营销思想，可以让我们省下来很多不必要的开支，这些节省下来的钱，让我们有更大的空间去研发一款极致产品。

3. 网红产品和"成分党"

什么叫作"极致产品"？给大家举个例子，在中国，几乎所有的牙膏的成本不会超过2.5元。但海洋之风的成本是普通牙膏的几倍，所以，只要用户有机会选择海洋之风，海洋之风带给用户的体验一定是无与伦比的，远超过过去几十年间用户对牙膏的使用体验。我们一定要记住，人都是这样的，用过了好的东西，一定不愿意再去用不好的东西。用过了5000元的手机，再用2000元的手机就会觉得别扭；开惯了宝马车，再去开奥拓就会不适应。这是人性决定的，而这个人性，就是新零售最大的机会。

现在，有越来越多的消费者开始学会研究产品成分了，产品成分已经逐渐大于产品品牌。有人把这部分人群称为"成分党"。而海洋之风就是典型的成分党产品。同理，一支钟薛高能卖到20多元，一定也有无与伦比的消费体验。

这个过程会带来非常多的新品牌崛起的机会。海洋之风做到了连云南白药牙膏都摸不到的价格。这说明了什么？说明真正的好产品还是有人会认可，会买单的。

4. 新产品研发的"1+1+3"模型

我在这里提供一个模型供大家参考，就是"1+1+3"模型。第一个

"1"，是产品应该有稳定的品牌逻辑，最起码品牌的底层逻辑没有什么大的 bug（漏洞）。什么是品牌底层的 bug？举个例子你就明白了。在品牌学里，一个品牌不会在两个品类里建立认知，所以，当我听到有人拿着"广药潘高寿"这个品牌来做暖茶的时候，我就断言这件事情一定做不成。为什么？广药这个品牌所建立的消费品品牌认知，是和"王老吉"紧紧联系在一起的。这是一个非常强的关联，基本上也就意味着，在消费品领域，"广药"是可以和凉茶画等号的，那你怎么让消费者觉得你在暖茶领域一样也可以做得很好？这就如同茅台品牌再厉害，它一样也卖不成啤酒或葡萄酒一样。<u>强如茅台这样的品牌，也曾在品牌的最底层逻辑输得灰头土脸，所以我们会看到，品牌的底层逻辑有多么重要。</u>

第二个"1"，就是一定要做刚需产品。产品不刚需，购买之后没有复购，就意味着赚不到源源不断的钱。现在几乎市面上所有的消费品，都可以按照这个逻辑重新做一遍，因为这些产品都不够好，都不够惊艳，都不是超级产品。

"3"就是产品要有点新概念。新概念才能博人眼球嘛，原则上来说，有三个方向的选择：新技术、新方向、黑科技。这几个方向都可以很好地支撑起新概念产品，增加产品的附加值。

要点总结

消费升级会带来很多新品牌崛起的机会，而这种机会又对产品提出了更高的要求,想要打造网红品牌,就必须要学会打造"绝对产品"。只有"绝对产品",才有绝对未来。如何打造绝对产品呢?按照"1+1+3"模型,就可以找到机会和方向。

我们应该构建一个什么样的品牌?

对于网红品牌的营销体系来说,想好营销体系应该如何搭建,接下来,就要开始准备搭建产品体系。而对于产品体系来说,品牌定位一定是最重要的底层逻辑。

很多品牌,尤其是在微商领域,微商飞速增长的那些年,几乎没有人认真研究过品牌的底层逻辑。于是我们看到,当行业的红利期过后,当这些基本逻辑开始发挥作用的时候,想再去重视品牌,已经来不及了,因为改变认知的成本实在是太高了。

1. 优秀的品牌定位到底有什么作用呢?

再次强调一遍,品牌的底层逻辑几乎直接决定这个品牌的兴衰存亡,了解品牌的基本逻辑,就能有效绕开一些弯路,更快获得成功,我们试着用这几个案例来说明为什么品牌的底层逻辑这么重要。

团购这个领域也曾经出现过"百团大战",但为什么只有美团活了下来?其中有一个很重要的原因,就是"美团一次,美一次"这样经典的定位让消费者一下子就记住了它。

再举一个例子,同样也是经过了疯狂补贴的行业,手机打车软件为什么是滴滴最后做得最厉害?因为"滴滴"这个拟声词,让我们很容易就进入了打车的场景,你很快就会想到它。从打车软件开始上线到现在,你甚至已经不记得当时滴滴还有什么竞争对手。这都是品牌底层逻辑设计得很好的案例,这也是为什么品牌的底层逻辑会这么重要。

优秀的品牌,就是让消费者在想去购买某一类产品的时候,第一个想到的就是你,只有这样,才会在激烈的市场竞争中取得最后的胜利。

2. 用户的购买行为到底和品牌有什么关系?

为了能够更好理解品牌在营销中发挥的重要作用,接下来这个模型,深度分析了消费者在购买行为中的思维模式,结合这个模型,我们就可以理解我们应该怎么做,才能让消费者在第一时间想到我们的产品品牌。

这个模型叫作需求与购买链路模型,是正常情况下消费者从有需求产生,一直到购买完成的一个完整的思维链路。理解了这个思维链路,我们就可以分析出来,我们应该在哪个环节做工作,应该做什么样的工作。

品牌与产品篇： 良币驱逐劣币的产品逻辑

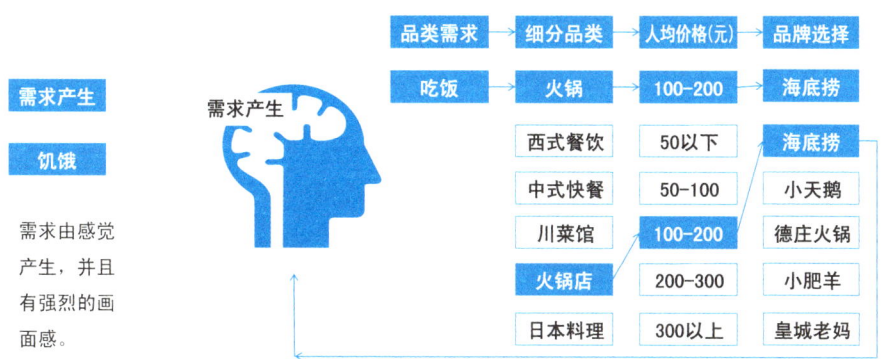

需求与购买决策链路模型

在这个模型中我们可以看到，购买需求是从我们大脑中产生的，这种需求往往带有很强的画面感。这个画面感很重要，它实际上就是我们在未来的市场推广中一再强调的"场景带入"。将场景带入到哪里去？就是带入到这里。

在这个模型里，我们以"去吃饭"做了一个简单的分析，当人们饥饿产生了吃饭的需求之后，实际上人们大脑里呈现的是一个又一个的画面，这个画面在告诉人们应该去吃什么，是吃西餐，还是吃火锅？经过考虑之后，人们选择了去吃火锅。然后下一个考虑是，预算是多少？预算是每人100-200元，这个时候，人们脑子里边就会有几个品牌选项，来满足这个具体的消费需求。人们从德庄、海底捞、小肥羊等品牌里选择了海底捞。为什么会选择海底捞？可能是因为海底捞的服务好，也可能是因为海底捞非常好吃，总之，海底捞一定给过你一个让你选择它的理由。

那么，品牌是在哪个环节出现的？在整个购买链路中，品牌并不是需求一产生就出现了，而是在消费场景具体出现之后才出现。专业术语就是当"品类"选择完成之后，才会出现品牌，所以，对我们来说，要做的最核心的工作，就是通过一些工作，让你的品牌成为消费者在这个品类的首选品牌。

3. 如何让我们的品牌成为这个品类的首选品牌？

我们所做的工作，都是要让我们的品牌成为某一个品类的首选品牌。这是最核心的工作，这个核心的工作可以拆分成两步去完成。第一步，要找一个合适的品类，第二步，想几个办法，让我们成为这个品类的首选品牌。

先来看第一步，如何找到一个合适的品类，让我们有机会成为第一品牌呢？最通常的做法就是品类细分，以今天的商业繁荣程度，很难有还没有被品牌占领的大品类，所以细分品类会带给我们极大的机会。

举个例子，海洋之风牙膏在牙膏大品类里边是没有机会的，所以海洋之风切割了"益生菌牙膏"这一个特定功能品类，并且迅速地成了这个领域的第一品牌，让海洋之风和益生菌牙膏建立了强大的关联。小白钻纸尿裤在纸尿裤这个大品类里也没有机会，所以小白钻纸尿裤迅速地瞄准了"医护级纸尿裤"这个细分品类，并且牢牢地占据了这个领域的第一品牌。再举一个老掉牙的例子，王老吉在软饮料中几乎都没有活的空间，但当它把视野转向凉茶的时候，一切就都不一样了。

在这里提供几个品类细分创新的办法，供大家参考。

第一，创意产品包装。从产品包装和产品形态进行细分，是最容易想到，也是最容易实现的细分方法。比如三只松鼠首先改了下包装，出了一款名为小瓶果的瓶装坚果，就迅速火遍了全网。

第二，特定功能细分。从功能层面细分是另外一种常用的品类细分方法，海洋之风益生菌牙膏和小白钻纸尿裤都是典型的案例。

第三，高价值元素组合。就是将消费者认知中比较认可的一些自己产品品类以外的东西直接添加到自己的产品中，以让自己更有价值。江中猴姑饼干为什么突然火起来了，就是因为在饼干中添加了一种比较高价值的蘑菇——猴头菇而已。

4. 我们应该如何定义品牌呢？

我们应该如何做呢？第一步，找一个合适的市场空间，创新一个品类，给自己留下足够的战略纵深。第二步，让自己成为这个品类的第一品牌。

5. 最好的品牌名称，直接与品类相关联

当然，最好的办法就是你的品牌命名能够和这个品类产生强大的关联。有一个好的品牌名字十分关键，所以品牌命名一定要慎之又慎，一招不慎很可能会导致满盘皆输。举个例子，今天你看到的几乎所有的好互联网企业，它们都有一个和它们所在品类直接关联的名字。淘宝、滴滴出行、百度、今日头条，这些命名都非常清楚地指向了它们所经营的品类，这种关系一旦建立，很快就会让这些品牌成为这个品类的第一品牌。

一个好的品牌命名有几个核心原则，好记忆，好联想，好保护。一定要给消费者足够的想象空间，让消费者把自己往场景里带。千万不要有什么"品牌情怀"，说"我一定要把某个品牌干起来"，其实一个品牌能干什么事情，从这个品牌出生的那一瞬间就已经决定了。不合品牌的逻辑，就会走很多很多的弯路。

6. 强化品牌与品类的关系，不要做"哑巴品牌"

如果真的没办法想到一个好名字，我们应该怎么办？这时候就需要找到足够的支撑点，不断地去强化你在这个品类的位置。"小白钻"这个名字并不是很好，听起来和纸尿裤没有什么必然联系，但这个品牌的所有方，是国家医护级婴幼儿纸尿裤标准的起草单位，找到这样的支撑，一样能够迅速占领细分品类。

为什么一个好的品牌名称这么重要？因为如果你的品牌是一个"哑巴品牌"，不能自带传播，不能清晰地指向我们所经营的品类，那就说明我们要花很多钱去宣传、去强制让消费者建立这种认知，这是非常难的一件事情。举一个简单的例子，大把投放广告的"瓜子二手车"，要花很多的钱去建立"瓜子"这个品牌和二手车的关联。因为"瓜子"所指向的并不是二手车这个品类。如果广告停一天，消费者很快就会忘记这件事情。这就是不懂得品牌的基本逻辑所带来的的灾难性后果。

当然，这都是普遍意义的逻辑，有没有特例？有，如果你觉得你的水平是雷军，可以创造小米这样的神话，那么你就可以完全不必理会这一套。如果你不是雷军，那么还是建议你好好地学习这些品牌的基本方法论，它不一定能让你很出彩，但绝对不会让你犯错误。

再强调一遍，切记，不要做"哑巴品牌"。

要点总结

为什么要做品类细分？因为只有在细分品类里，我们才有占据第一的机会。这一节的内容，也介绍了三个创建新品类的办法。再一次强调，千万不要做"哑巴品牌"。互联网时代，"哑巴品牌"基本上不会有说话的机会。

 新网红品牌

什么样的产品让人一看就想买?

我们都知道,对于任何一家企业来说,过硬的产品才是核心的竞争力。可以说,产品是企业所有的战略、策略的结晶,也是所有的营销思想的汇集,产品的水平直接反应了企业的整体水平。那么,对于网红品牌来讲,应该开发什么样的产品呢?

这个时候,需要解决一个重要的问题,品牌底层逻辑没有问题的情况下,我们应该做一个什么样的产品,才能够让人一看就买?

1. 千万不要做"哑巴产品"

从品牌的角度来说,<u>千万不要做一个"哑巴品牌",同理,我们也不能做一个"哑巴产品"</u>。其实,无论是传统零售还是新零售,我们都要坚持一个重要的观点,那就是"好的产品自己会讲话"。什么叫作"好的产品自己会讲话"呢?就是说这个产品自己可以说服用户购买,让人一看就知道这个产品有多好。

在传统零售里,优秀的产品力是降低终端导购员销售难度最关键的因素。那么在没有导购员的线上零售,我们要让产品自己成为导购员,

只有这样，我们才能卖出去更多的产品，形成稳定的销售，构建伟大的品牌。

未来，所有的推广行为都会凝聚在15秒的短视频广告里，线上新零售不会再给我们任何占领渠道、强迫消费者的机会。我们能做的，就是在这15秒的时间里，用卓越的产品力和传播力说服用户点击购买我们的产品。

2."秒刷秒买"法则

什么是"秒刷秒买"？从现在的商业环境来说，短视频平台就是我们的货架，我们要做的，就是要让用户看到我们的产品，以最饱满的热情和最高涨的积极性，点击到我们的产品链接里，并且下单购买。

"秒刷秒买"是非常关键的，表面上看就是四个字，或者两个动作，这背后蕴藏了非常大的内容。相对于传统零售和平台电商的开放式搜索对比，新媒体营销要求的购买链路更短。也就是说，传统零售和平台电商都是可以"逛"的，走走看看，对比对比。而在短视频平台上，我们的推广短视频被刷到之后，如果用户没有看，或者说没有看完，那就意味着以后我们没有机会再和用户见面了，或者说，至少我们浪费了一次推广机会。

再次强调一下，相对于传统零售和平台电商，新媒体营销需要激活的，是一个更短的购买链路。这个购买的链路，即便做不到让用户购买，也需要传递足够的信息，在消费者心里打下一个烙印。这是最基本的要求。很多做新媒体投放的品牌方，不要觉得把原来做过的广告片或者拿着按照原来的逻辑拍的广告片在新媒体上做一下投放，就会有比较好的效果。这是不可能的，因为用户无感，他能看广告的地方多了，为什么非要跑到短视频平台来看呢？

如何能够激活一个更短的购买链路？答案也很直接：第一，品牌、产品定位要精准。第二，传达的信息要足够清楚。品牌需要一个精准的定位，产品也需要一个精准的定位。第三，我们对消费者传达的信息要足够清楚，这是我们做内容生产的核心原则。你是卖什么的，就应该说什么事情，越简单，越清楚，代入感越强，这样的推广收效就会越好。如果我们能用3秒钟的时间将用户成功地带入我们的轨道，那么，胜利就在眼前了。

3. 场景化思维和场景化爆品

能够清楚地传递产品信息的互联网爆品，到底应该如何打造？首先我们要明确一个定位，最好的爆品一定是符合场景的。只有场景找得清楚，才能匹配用户产生需求的画面感。而几乎所有的场景，都不是由一个单一的维度构成的，都是可以拆分的。

如何拆分场景？拆分场景就是把这个场景用不同的维度具体表现

出来。这句话听起来可能比较抽象，举个简单的例子吧。我想买一台车，这个时候，我的大脑里最多的画面就是我驾驶着这台车四处驰骋的场景。但这个场景是非常抽象的，那如何把这个场景具体化呢？我要一台什么样的车？空间感、舒适感如何？这就是具体的感觉描述维度。这台车的油耗是多少？马力是多少？要花多少钱购买？这就是具体的数字描述维度。这台车如果还有点特别的定位，让我开起来能有一种身份认同感，就更好了，这就是情怀维度。

具体场景描述完，我们就可以按照这些具体的维度来打造产品了。如果我们有能力把所有的条件都满足，那么我们一定能够打造一个场景化极强的互联网爆品。

为了更清楚地给大家讲明白这个道理，我们需要一点简单的数学知识作为辅助，来做一个简单的建模处理。场景能够拆分的维度非常多，我们假定一个场景有五个维度可以描述，因为用户在决策购买的过程中，这几个因素相互影响，并不是简单的叠加，所以，在我们建的模型里，决定产品最后评分结果的是这五个维度评分相乘。最后得到产品的评分。

如果我们的产品在每一个维度都能够超过用户要求的10%，那么五个1.1相乘，得到的答案约是1.61，也就是说，我们这个产品已经远远超过用户预期的60%。用户当然会买我们的产品。如果我们在每一个维度都只能达到用户预期的90%，那么五个0.9相乘，得到的结果约是0.59，远远达不到用户的预期。这之后用户肯定不会购买我们的产品。

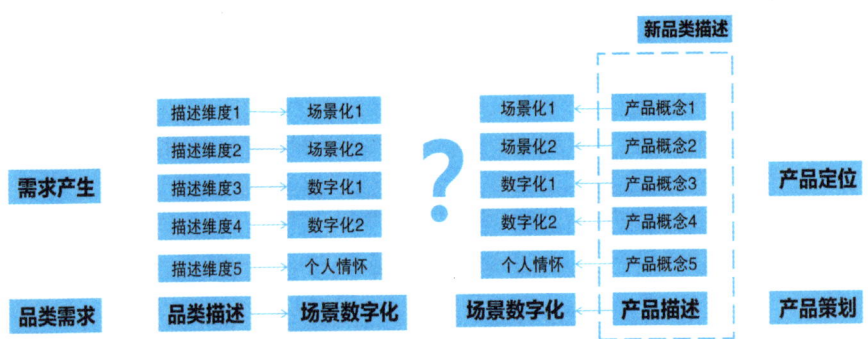

场景化爆品模型

给大家举一个例子，长城汽车的哈弗H6就是一个典型的自己会说话的产品，当年长城汽车在做完市场定位之后，发现在轿车这个品类里，竞争太激烈了，根本找不到自己的空间。于是就迅速把产品研发方向转型到了SUV，这是不是品类细分战略？那长城汽车应该研发一款什么SUV呢？经过市场调研发现，国产SUV没有做得太好的汽车，于是长城汽车迅速切入了这个再一次细分的品类，用10万的价格囊括了时尚的产品外观和舒适的驾乘感。并且用"中国人的SUV"这个传播点强化了长城汽车在这个细分品类的位置，这是不是强化了情感描述维度，让消费者更有身份认同感？

什么叫"好的产品自己会讲话"？这就是会自己讲话的好产品，我知道你要什么，并且我很好地满足了你的要求。

对于绝大多数的微商企业和相当一部分传统企业来说，明白这个道理是极为重要的。把你的产品拿出来，好好地看看，这个产品自己到底会不会讲话，有没有拆分好能够满足用户需求的维度？如果有，可以加大广告投放力度，如果没有，就不要抱怨卖不动，因为这个产品根本没有卖得动的基因。

4. 构建爆品的核心"315"法则

好的产品自己会讲话，那它应该讲什么话呢？判断一个产品会不会讲话的标准又是什么呢？这里有一个"315"法则。这个法则在传统零售和平台电商时代就是重要法则，互联网、短视频时代更是再一次强化了它的重要性。所谓"3"，就是我们的产品一定有能力吸引用户眼光3秒钟，所谓"15"，就是用户在这3秒钟能够阅读到15个字左右，并且这15个字已经说服了用户一定要购买。

3秒钟的视觉吸引，15个字说服用户购买。这是爆品的核心密码。

视觉吸引，靠的是设计表现，所以优秀的宣传设计一定出自专业人员之手，市面上可供选择的设计公司很多，我们可以选择一个专业水平比较高的设计公司帮助我们解决问题。

最关键的是15个字是从哪里来的呢？好的宣传设计，往往是由三个维度共同搭建完成的。第一个维度是文字维度，第二个维度是画面维度，第三个维度是逻辑维度。

新网红品牌

"秒刷秒买"产品的黄金爆品315法则

◎ 文字维度

我们可以从很多维度来描述我们的产品，这实际上是拆分场景的一个过程。我们尽量用营销的语言，把每一个维度都表达好。描述的时候，尽量选择数字，例如"北纬37°黄金苹果产区"，这样的表达就比"烟台苹果，莱阳梨"要有"逼格"得多。现在广告法严格了，不能用"最""第一"这样的词了。我们就多用类似"黄金""钻石"这样的词来表达这个意思。这样做的目的主要是表达产品的稀缺感。

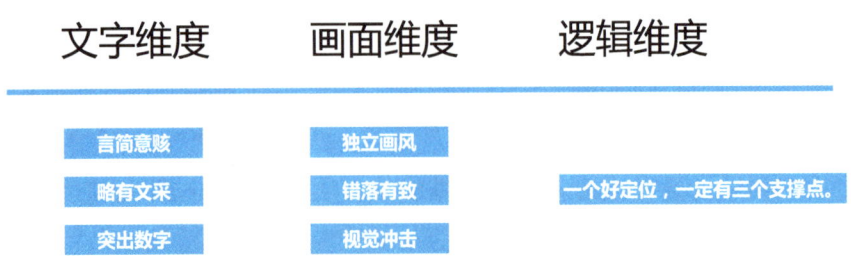

"秒刷秒买"爆品的三大黄金法则

◎ 画面维度

然而,"北纬37°黄金苹果产区"这样的描述还是太长,我们要说苹果好,光说产区还不够,还需要说明例如苹果的品种、种植技术等,这样我们就很难用15个字把这些内容全部装进去。这时候我们需要做的是,把这些文字全部都视觉化,做成标识。

我们把文字描述做成图标,消费者一看就明白了。在这个图标里,"37°"非常显眼。人类的大脑首先接受图片信息,然后接受数字信息,最后才接受文字信息,这是和我们的大脑结构直接相关的,当我们把复杂的语言表达转化成为具象的视觉表达的时候,就更符合大脑接受信息的顺序,就更容易被大家记住。

◎ 逻辑维度

逻辑维度很简单,就是三三支撑,你想说什么事,就找三个支撑点,这样更容易被接受。

◎ 关于超级符号

最后再补充一点内容,这两年在品牌营销和包装设计这个领域,超级符号的概念非常火。超级符号当然是非常有作用的,如果你有特别想突出表现的，有想要说给消费者听的，你就做一个超级符号，放在产品包装最显眼的位置，这一定会给你的产品加分。

这就是我们应该在包装上呈现的内容，把这些东西整理好，就是一个优秀的产品文案，找专业的设计公司做出来，设计感做得没有问题，基本上这个产品就能够得80分。

最后，分享一个案例具体说明一下。

这个是小白钻医护级纸尿裤的包装。我们不讲什么大道理，就讲这种适合中小企业去做的实际案例。很少有人能有机会做成王老吉、六个核桃，但掌握了基本的品牌、产品方法论，一定不会让我们犯一些低级的错误。

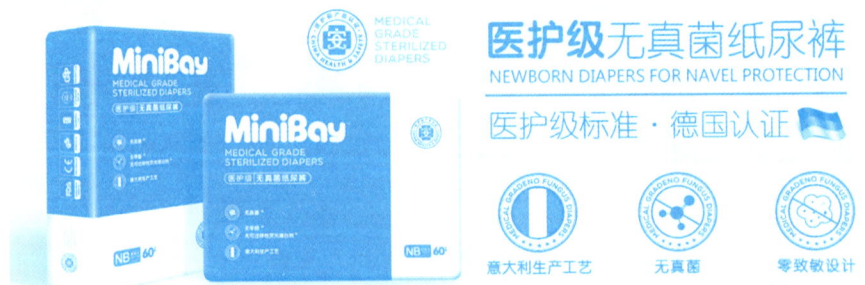

品牌与产品篇：良币驱逐劣币的产品逻辑

【品类细分】

把医护级纸尿裤从纸尿裤大品类里切割出来，把纸尿裤分为普通纸尿裤和医护级纸尿裤两部分。普通纸尿裤里没有了机会，医护级纸尿裤要想办法占据第一名。

【场景化爆品】

医护级的产品，就得符合医院场景。在设计这个产品的时候，设计师们专程去医院进行了相应的调研。医生和护士日常使用的产品很简单，就是白色、蓝色和红色。因此，蓝白设计作为主色调，用红色点缀，非常有代入感，一看就是一个医护级风格的产品。

【文字维度】

文字维度主要是突出产品质量。0真菌，每一片都经过消毒杀菌处理。0残留，通过SGS（瑞士通用公证行）0荧光剂0甲醛0重金属检测，纯白设计，无尿显、无油墨印刷，从根本上减少致敏原。干爽性超国标10倍，反渗量超国标10倍。

把这些文字进行图表化处理，一目了然。左下角三大支撑点把这个产品说得清清楚楚。侧面是各种认证标识，辅助证明产品质量水平。

【超级符号】

小白钻纸尿裤的标识就起到了超级符号的作用。实际上这个产品刚出来的时候并不是这个标识，而是一个红十字的标识，红十字的表达非常直接，可以直接关联医护级的感觉和场景。后来企业老板觉得他们企业在国家制定医护级纸尿裤的标准时做出了贡献，所以选择了这个标识。

新网红品牌

要点总结

"秒刷秒买"将激活更短的购买链路,所以对产品提出了更高的要求,我们不能再继续做"哑巴产品"了,"哑巴产品"在未来没有任何机会。这一节还讲述了宣传产品要满足"315"法则,以及打造爆品的具体办法。可以这样说,这套逻辑可能没有办法让你成为王老吉那种划时代的产品,但一定会让你不出错。成不了王老吉不要紧,但一旦出错成本就高太多了。

推广篇

借助新媒体，实现全域推广

 新网红品牌

短视频平台推广基本概论

当我们想明白营销体系应该怎么构建，想清楚产品应该如何定位，并且通过科学的方法设计出我们要销售的产品之后，我们就可以进入品牌和产品的推广环节了。通过之前的学习，我们已经知道了，当前最好的推广平台是短视频平台，而短视频平台最好的工具之一是抖音。

强调一点，在未来五年，内容能力就是未来的流量货币，内容能力足够强大，就不用再担心流量的问题。由于抖音平台是近些年刚刚崛起的新平台，所以抖音从一开始的算法设计上就会有基因上的领先性。

举个例子，抖音是一个复利平台，只要你内容做得好，点赞、评论的人多，抖音就会开放更多的流量直接给你。这一点和传统的电商平台非常不一样，传统的电商平台绝对不会因为你的商品评价好就会免费开放更多的资源给你。因此，我们要想做好抖音，就必须更加系统地了解抖音平台的特征和抖音平台的算法，只有这样，我们才能在这个平台上获得比别人更高的关注。

1. 抖音平台的三个核心算法

◎ 流量池规则

流量池规则是抖音平台的核心规则之一，当我们开始注册抖音号，用它发布视频的时候，抖音官方会给每一个作品分配一个小流量池。也就是说，即便你之前没有任何操作或者粉丝，还是会获得系统分配的几百个流量。

如果在小流量池的表现好，那么平台就会把视频推送给更多的用户。影响推荐的因素主要跟视频的转发数、点赞数、完播率以及评论数有关，这些数据表现得比较好的话，就更加容易获得平台的流量加持。抖音从下到上一共有八个流量池，只要内容做得好，就会有不间断的流量池推荐。

◎ 叠加推荐规则

在刚开始操作抖音的时候，因为播放量还不够大，所以一般都是机器人审核。机器人审核就是严格按照算法规则，所以，如果我们想要发布视频之后获得叠加流量，审核的标准跟流量池是一样的，也是重点关注转发数、点赞数、完播率这些指标。

◎ 热度加权规则

在抖音中被推荐的视频基本上都达到了几十万的播放量，因此综合以上的四项数据都是很高的，进行了层层热度加权，视频就能进入抖音推荐，而热度权重排名依次为转发量、评论量、点赞量。还要说明一点，一个视频的热度维持期为一周，周期特别短，这就对抖音短视频的创作者们提出了更高的要求，为了维持多而稳定的流量，必须要做到内容的稳定更新。

这就是抖音平台的三个基本运营规则，其实所有这些都指向一个目标，就是要生产更好的内容，只要内容足够好，那就是抖音平台的硬通货。

2. 抖音新手养号的基本技巧

抖音每一分钟有几千个视频上传，那么大量的视频，是通过机器人先进行审核的，到达一定播放量以后，才会进入人工审核。机器人审核就有审核的标准，养号也就是从这里来的。

养号最重要的目标，是让账号完成标签化，让抖音知道我们是什么类型的账号。比如我们这个账号是创业 VLOG（视频网络日志），我们就应该去搜索同类账号，挑选数据好看的内容进行点赞关注，我们需要让机器人知道我们的具体标签是什么，然后机器人才会给我们推介我们想要的内容和粉丝。在发布作品之前，一定要记得养号，养号的目的是让系统给到我们更加精准垂直的内容和粉丝用户。

◎ 一卡一机一号

一张手机卡，一台手机，注册一个抖音账号，请大家不要频繁地去切换设备，很多人一会儿用这台手机登陆，一会儿又换另外一台手机登陆。频繁切换，机器人会觉得你的账号是由很多人在运营的营销号，会降低账号推介权重。

手机选择一般的智能手机就可以，当然拍摄效果好一点、内存大一些的手机效果会更好。

◎ 手机卡，4G无线流量卡

一个Wi-Fi之下，不要连接超过五台手机，玩过抖音的人可能会有一个经验，那就是同一个公司的人，很多时候刷出来的视频都是一样的？这是为什么呢，因为这些手机都连在一个Wi-Fi下面，属于同一个账号IP，机器人觉得这几台手机是同一个人，推介的内容也是一样的。所以，我们专门用来做抖音的手机就不要用Wi-Fi了，很容易造成系统判定的标签不清楚。推荐使用4G无限流量卡。

◎ 不要频繁更改信息

养号期间，我们可以先不写昵称，也不用很着急去换头像，先养个3-5天，养好后，我们再把头像、昵称、个性签名都换上，个人信息填写得越详细越好。例如，抖音信息上会有学校这一栏，这也是一个重要的标签。我们可以如实填写自己的学校，也可以根据我们所做的行业选择学校填写。如果我们是做服装的，可以填写一个和服装设计相关的学校，这样平台就会给我们推送更多有关服装方面的粉丝和流量。

特别需要提醒的是，我们千万不要在个性签名里加上自己的微信号，加微信号的话，抖音会直接认定你为营销导流账号。我们用新媒体平台最核心的目标，是要建立我们的品牌影响力，并不是说要把粉丝导入我们的私域流量池，对于绝大多数做消费品的企业来说，<u>私域流量是一个比较伪的概念。太少的私域流量没有价值，太多的私域流量也管理不过来</u>。所以，不要做从抖音导流的工作，我们做的所有工作，都应该在抖音规定的合理的规则之内。

◎ 参与关注点赞评论

养号的过程中，一定要关注自己定位的领域，比如说我们是做美妆的，那么在养号的这 3-5 天，我们就要去搜索美妆类账号，看到好的内容就点赞和评论。当然养号期间，每天都可以看一个小时直播，看直播有很大好处，总之，我们要模拟一个正常的用户，在正常地使用抖音这个软件，新号养个 3-5 天就可以了。

当然还有更多的技巧，我们可以通过不断的实践进行摸索。比如说，身在异地可以发抖音内容吗？当然可以了，并且一定要把所在的位置加上，这样抖音就会觉得我们是一个活跃度更高的账号，更愿意把我

推广篇：借助新媒体，实现全域推广

们的内容推荐给附近的人。再比如，有很多人很早以前已经有抖音账号，并且发了好多视频，要不要重新注册一个抖音账号，如果我们的抖音账号流量都是正常的，内容也是垂直的，那就隐藏掉一些数据不好、内容杂乱的视频，没必要重新搞一个。当然也不要一天就隐藏完，一天隐藏2-3个，逐渐隐藏，千万不要删除，删除会被系统降低账号权重。当然，如果我们的账号本身就是杂乱的，那就注销掉，重新再注册一个抖音号。

要点总结

抖音养号很重要，它会决定了我们发视频以后给到我们的推介精准度和更大的流量，一定要认真地执行。养号期间，保持账号活跃度，给同类账号多点赞、评论，多看直播。

什么样的爆款内容最能带货？

当我们了解了抖音的基本操作技巧和抖音的算法规则之后，我们就要深入思考一个问题，应该做出什么样的内容，才能让我们的产品销售得更好？消费者才愿意点击我们的产品跳转链接，去我们的电商平台购买我们的产品呢？

我们所需要研究的只有一件事情，就是不断地增强我们短视频内容的代入感，只有强大的代入感，才能让用户心甘情愿地为我们的产品买单。那么什么是强大的代入感呢？代入感，就是让用户感觉身临其境。

大家要知道，在我们以内容作为流量入口，用电商平台作为销售承载的这套体系里，以抖音为代表的新媒体平台实际上是店铺的宣传工具。所以，我们所有的短视频内容，如果能够做到让用户身临其境，那毫无疑问会大幅度提升我们产品的销售率。

1. 专业 IP，垂直内容，是解决动销问题的核心密码

与单独经营抖音平台吸粉的做法不同，网红品牌都是根据产品来制作内容的，所以，基本上我们要做的都是高度垂直的内容，蹭热点、拍同款等办法对我们来说可能用不上。但垂直内容有一个好处，就是用户一旦关注了你，那可能很长一段时间都会对你进行关注。因为他对你的关注并不是随机行为，而是他在你这里找到了他想要的内容，也正是因为如此，这样的内容所带来的商业转化率往往比非垂直领域的转化率高很多。

我们以抖音"薛老师的美食分享"为例，具体说明一下。

◎ 专业 IP

我们来看"薛老师的美食分享"这个抖音号。这是一个典型的美

食分享号，为什么"薛老师的美食分享"会有这么多人关注？其中一个很大的原因就是薛老师曾经是上海和平饭店的厨师长。上海和平饭店那当然是非常有名气的了，上海和平饭店就意味着在美食领域的专业度，更容易获得大家的信任。

所以，这个关键点再一次告诉我们，找到一个独一无二的品牌人设非常重要。如果我们能有一个很好的人设背书，那么就会更容易获得大家的信赖。

◎ 垂直内容

看一下"薛老师的美食分享"的内容，全部都是薛老师真人出镜的家常菜制作，这种带入感就非常强。而且薛老师还会时不时地强调一下制作的关键点，阅读感非常强。所以，薛老师很快就收获了大量的粉丝。

◎ 销售闭环

美中不足的是，"薛老师的美食分享"电商闭环做得不够好，这可能是因为薛老师的运营团队本身没有多少成熟的美食方面的供应链。商品橱窗的东西都是一些普通的产品，和抖音号本身输出的内容没有太多的关联。这种没太多关联的产品链接，销售情况肯定大打折扣，如果"薛老师的美食分享"能够有一些有针对性的供应链支撑，电商的闭环效果肯定比现在好很多。

2. 短视频和电商的结合，是解决中小企业流量困局的钥匙

"薛老师的美食分享"这个抖音号，其实只有"萝卜丝鲫鱼汤"一条百万级别点赞的视频，但几万点赞的视频非常多。在这里我要强调一个重要的观点，就是爆款视频虽然我们都想要，但它需要周密的策划、精心的拍摄，有的时候甚至还需要一点运气。所以爆款视频并不是普遍存在的，意义并不太大。什么事情有意义？是源源不断的几万的点赞，这样的视频更有意义。因为每一个几万点赞的背后，都有几十万甚至上百万的观看。

我们举一个例子，如果"薛老师的美食分享"背后有一个售卖新鲜食材的京东店铺的话，那么每当薛老师发一个相关的视频，就会有上百万的人在看这个视频，如果有5%的人选择了浏览相关产品，这对京东店铺来说，就有几万的访客进来。在京东平台，吸引几万的访客对于中小卖家来说简直是太难了，可以说是难于上青天。所以，还是那句话，中小企业一定要知道不同的工具在你的营销体系里到底扮演什么角色，只有这样，才能做到真正的游刃有余。

再来看一下海洋之风，我们看一下海洋之风的抖音号或头条号，你会惊奇地发现，几乎没有多少粉丝。在这里，我们要再强调一点，粉丝不重要，粉丝买单才是最重要的事情。如果用户看了你的内容，买了你的产品，至于他关注没关注你，这并不是一件非常关键的事情。因为只要他买了你的产品，他心里就会对你的产品有期待，只要你的

产品表现得足够好，他一定会成为你的粉丝，一定会持续地在店里购买你的产品，这才是我们想要的结果。

3. 超级带货短视频的三大法则

海洋之风的这些视频都是经过鲁班系统做过广告投放的，全部都是被验证过的带货内容。这个测试的过程涉及比较复杂的数据测算和投产测试，在这里就不具体解释了。但我们可以总结一些经验，作为以后指导短视频生产工作的基础。

◎ 简单直接，直入心智

所有的营销都是心智占领的战争，短视频就是心智占领的工具，未来，所有营销的争夺，就是短视频传播周期这仅有的15秒时间。即便是个广告，也要非常直接。我们会看到海洋之风所有的视频全部指向一个点——"口气清新"。用"口气清新"反复去强化，直到占领消费者心智。

◎ 场景剧情，深入人心

海洋之风的视频里有大量的场景剧情，这些剧情很简单，也很好拍，就是各种场景下口气不清新会带来什么后果，谈恋爱的时候口气不好会怎样，汇报工作的时候口气不好会怎样，和朋友聊天的时候口气不好会怎样。这就是非常直接的贩卖焦虑,让大家有很强的代入感。有这些问题的人禁不住几次打击,你多给他推送几次广告,基本上就招架不住了。

◎ 快速更新,内容迭代

现在已经不是电视广告的时候了,企业拍一个广告片,能用上两三年。现在一定要快速更新,做内容,海洋之风在广告投放的时候,基本上两三天就会换一个内容,但内容的出发点都是不断地强化心智占领,直到把他们变成海洋之风的用户。

要点总结

强大的代入感是视频能够转化成销售的关键,要想完成短视频带货,一是要强调电商平台和短视频平台的联动关系,二是拍出的短视频更具备带货能力。

如何能够让短视频火起来?

在网红品牌的营销体系中,短视频作为内容前端,是非常关键的,可以这样说,内容的好坏直接决定了我们从短视频平台攫取流量的多少,上一节我们已经分析了短视频平台产品能带货的几个核心因素。如果经过投产测试,短视频的带货能力没问题,那么我们就应该去研究一下抖音平台的一些具体应用规则。了解了这些应用规则,我们就能有更大的营销收获。

一般来说,我们需要注意抖音的视频推荐规则、影响视频流量的关键因素、违规因素这几个关键规则因素。除此之外,我们也要关注抖音数据的关键指标。在这些方面都做好准备,相信我们也可以做出全网爆红的抖音视频来。

1. 视频推荐规则

无论我们账号的粉丝数是多还是少,系统都会先给我们300个流量。这300个人看过,视频的完播率、点赞率、评论数都还不错,系统就会认为我们这个内容是优质的内容,会把我们的作品推荐进入第二个流量池,以此类推。越往下推,流量就越大,视频的播放量也就越高。

这里有一个问题很关键,这300个人是谁,抖音会把你的视频推介给哪些人呢?了解清楚这些人,会不会对我们生产短视频有所帮助?抖音会把你的视频推荐给三种人:第一,系统默认推荐的人;第二,附近的人;第三,关注你的人。

新网红品牌

◎ 系统默认推荐的人

比如我们是做服装类的账号，系统就会把我们的内容推介给对服装类感兴趣的人，所以，抖音的人设是非常关键的，人设一定要精准！

◎ 附近的人

我们发抖音的时候，我们的内容会被推荐给我们所在位置附近的人。抖音的地域其实是会跟着我们所在位置而发生改变的。所以，我们在发内容的时候，一定要把定位这一栏打开。比如我在杭州，那我发视频的时候，就定位在杭州，定位还可以更精准，比如公司楼下的星巴克、酒店、火车站、机场等。定位打开以后，系统会把我们的内容更精准地推介给附近的人。

◎ 关注你的人

这些人就是我们的粉丝，这些人也很关键，在早期的时候，这些人往往是点赞、评论、转发的首要人群，是我们完成抖音数据的最早的天使粉丝。

再强调一下抖音流量池的推送原则，抖音一共有八个流量池，每一个流量池都对应着不同的人数，它是逐个下沉推介的，作品越好，系统就越往下推介，看见你视频的人也就越多。重点说明一点，10万播放是一个坎，只要你的视频播放超过了10万，抖音系统给你这个账号的流量权重就会更高。所以，做短视频的时候一定要给自己立一个目标,一定要让你的视频在最短时间内破 10 万的播放。

2. 影响视频流量的几个关键因素

在搞清楚视频推荐规则、搞明白抖音流量池的推送原则之后,我们还需要搞清楚哪些具体的指标在影响我们的视频流量,只有这样,我们才能够做一些有针对性的工作,让我们的视频流量变得更好。

◎ 作品的受欢迎程度

抖音系统先给你 300 个流量之后,点赞、转发、评论的量也会随之而来。只要数据好,机器人觉得这是优质的内容,就会把这个作品往下一个流量池里推,并且会一个一个流量池去推。

◎ 账号的优质程度

我们的账号是不是一个优质账号很关键,抖音是一个信息流的内容平台,所以,能否持续多发高质量的原创优质内容,是一个账号优质与否的核心标准。持续发送高质量的原创优质内容,抖音就会记住我们的账号,并且分发给我们更多的流量。

◎ 时间效应

对于优质的作品,抖音是会进行第二次推介的,让我们的好内容被更多人看到。打个比方，我们在看抖音的时候，隔了一段时间还是能看到之前看过的热门视频，这就是推介的时间效应，让你再次上热门。

3. 违规因素

抖音里当然还有一些不能越的雷池，即违规因素。规避违规因素很简单，一般就注意三点：切记不要搬运视频，切记不要发广告，切记不要传播负能量。对于"记录美好生活"的抖音来说，这些内容肯定是不欢迎的。

4. 抖音数据的关键指标

抖音有几个关键指标，了解了这几个关键指标，就可以更加轻松自如地进行抖音运营，获得更高的播放和点赞。

抖音是由机器人进行第一道审核的，机器人不会给每个人发个问卷调查，问你喜欢什么内容，但会把你看完的视频、点过赞的视频和你的分享、评论都记录下来，再不断给你推介你喜欢的内容，这就是刷抖音停不下来的原因。你看到的都是你喜欢看的，而且内容很丰富。从这个逻辑出发，完播率、点赞率、评论数、转发率、关注率就是抖音算法的最核心逻辑。

◎ 完播率

完播就是这条视频从头到尾被看完，如果你看到一半就划走了，那就不满足完播的要求。影响一条视频完播率的因素主要有以下四个方面：

视频的清晰度：视频不清晰，没有质感，用户直接就划走了，而且可能抖音也会限制这个流量，因为它会以为你的视频是搬运的。

视频的时长：如果你的视频只有 7 秒，那么它完播一次速度是非常快的，可能我们在看标题或评论的时候，这个视频已经播放了好几次，那它的完播率就非常高。

黄金 3 秒内容：短视频里有个原则叫黄金 3 秒，就是你这个视频如果前面 2-3 秒都抓不住用户，用户马上就划走了。

话题互动性：如果这个标题精彩，你也想在下面留言，讨论一下，这个视频就多播放了好几次。

◎ 点赞率

我们可以自己回顾一下，什么时候我们愿意给别人的视频点赞，一般来说是两种情况：第一种，我们非常非常认同它传达出来的信息和价值观，它宣扬的是一种积极健康的正能量，我们被感动到了，这个时候我们就会给视频点赞。第二种，我们觉得这个视频有用、有价值，害怕失去这条视频，我们想以后还能找出来这个视频。举例：我们看到一条短片，讲的是如何让我们上传抖音的视频更清晰，或者如何让传统服装店直播卖货一个月变现10万，觉得对自己有用，是不是要点赞，收藏起来？点赞率在抖音推介权重很高，非常重要。

◎ 评论数

提升评论数一般有两种情况：第一种，它的标题非常有话题性或者争议性，第二种，它的视频内容非常有亮点，或者槽点。

◎ 转发率

有两种情况会激起大家转发的欲望：第一种，非常有价值。我们觉得这个东西很有价值，之后可能要反复去看，所以我们会保存到自己的手机。第二种，它激起了我们分享的欲望。这东西太好笑了，我一定要给我朋友看一下，所以我们会把它分享给自己的朋友。

◎ 关注率

要提升关注率需要符合两点：第一点是你的视频非常有价值，我关注你可以获取到很多有用的信息；第二点，你是一个有趣的灵魂，大家对你非常好奇，想认识你，所以我会关注你。

这是抖音里面最重要的核心，做任何内容都是为了得到这些数据，我们知道这个，就比那些每天只是刷刷抖音，瞎上传内容的人强多了。反过来说，我们做任何内容都要有出发点，上传视频前要反问自己，这样的一个内容别人能看完吗？看完了能点赞吗？会想评论一下吗？

会转发给自己的朋友吗？点进我们的账号会有人想要关注吗？一点都做不到的话，我们可能就要重新思考下我们做账号的方法是不是正确了。

要点总结

要让我们的短视频内容火爆起来，必须要了解清楚抖音平台的几大核心要素，了解了这些要素，就会让我们的短视频有更好的表现，同样，也会给我们的电商店铺带来更多的流量。

巧用DOU+，四两拨千斤

在前边的内容中，我们分析了短视频内容能不能火爆的几个因素，也分析了什么样的内容能够让我们的短视频更具备带货能力。但从商业运营的角度来说，单纯靠免费的流量可能很难支撑我们的商业体量。我们要根据情况，适时地做一些付费推广，付费推广控制得好，四两拨千斤，控制不好，就会浪费很多广告费，所以，精准的数据分析和投产测算，对我们的经营工作还是非常重要的。

新网红品牌

1. 换一个角度看 DOU+

大家都知道抖音里面有一个 DOU+，DOU+ 是抖音官方推出的一个付费流量推广方式，通过付费的方式把你的视频推介给更多人。

我们不妨换一个角度来看 DOU+，如果通过付费的方式可以推荐给更多人，那么我们投放的内容做好之后，可不可以用 DOU+ 测试一下这个短视频的带货效果呢？当然可以，我们不仅可以把它当作推广工具，更应该把它当作营销测试工具。数据测试得好，加大投放力度，数据测试得有问题，多找原因，尽快解决。

2. 放大样本数据，寻找成功公式

我们测试的目标，是最终能够得到一套成功的公式。做电商的人应该都明白，文案要测试，头图和展示视频也是要测试的，只有测试过了，你才可以花最少的钱，得到最高的转化率。做短视频也是一个原理，一样要进行测试，大部分人刚开始发视频的时候，播放量是 300–500，样本太少，可能会让我们测算的数据不够精准。

但是通过 DOU+ 的投放，可以把看过你视频的人这一群体放大，很多问题也就能看出来了。只有经过这样的测试，我们才可以找到做爆品的规律。

如果 DOU+ 能审核通过，那么这个视频就是正常的，你投放 100

元 DOU+，系统会把你的视频推介给 5000 个人看，你就可以得到 5000 个播放量。你还可以在数据栏里看到你的视频有多少人看过，点赞有多少，很直观地就能知道这条视频内容的好坏，还可以看出你的粉丝画像，男女比例。这对我们下一步数据模型的测算，具有极大的借鉴意义。

3. 如何能够让 DOU+ 投放更有效率？

◎ 在视频发布 2 小时左右投放

一般来说，我们在视频发布之初，通过初步的判断和数据反馈，如果发现这个视频有爆款的苗头，就一定要把握好投放 DOU+ 的时间。在视频发布 2 小时左右投放 DOU+，会让视频爆的概率更大。

◎ 选择适合自己的投放模式

DOU+ 的投放模式可分为三种，分别为：系统智能投放、自定义定向投放、达人相似粉丝投放。这三种方式的差别还是比较大的，根据短视频营销的不同需求，有针对性地选择投放方式。

【系统智能投放】

系统智能投放主要是增加播放量，增加短视频的热度，因此系统智能投放更偏重于大众化的泛娱乐内容。

【自定义定向投放】

自定义定向投放比较适合品宣。也就是说，产品有固定的群体，这个群体通过年龄、地区、性别等简单标签就可以做到区分。除此之外，这种方式也比较适合实体店铺的本地推广。

【达人相似粉丝投放】

这是一个非常好的投放模式，尤其是针对抖音电商群体，找到对标账号直接进行投放，那么对比的就是产品和服务。这就相当于其他达人已经把营销目标给你做好了圈定，能不能赢，就要看你的产品和服务有没有竞争力，你的短视频有没有更强的带货能力。

◎ 选择优质视频做投放

好钢用在刀刃上，花钱用在好视频上，这才样我们的投放效果更好。好的视频凭借自身初始积累的高播放量、高点赞量、高转发量，在后期DOU+投放上效果会更明显，并且后期圈粉或转化的程度也会更高一些。

4. 抓住抖音复利的红利

再次强调一遍，抖音是一个复利平台，第一个复利是别人对你的视频分享，好的内容会不断被推荐给更多的人，一条视频100个人看完，有10个人分享了，那么就有机会再被更多人看到，这样循环的力量是很大的。第二个复利是你的一条视频火了,大家都在看,看完有很多人好奇,然后点到你的主页,看完你发的所有视频,这个播放量是相当惊人的。有一个视频爆了,整个账号的播放量都会被带上来,所以,我们看到很多大号,每条视频数据都很好,那是因为他们出过爆款视频,带动了账号数据。

通过这些数据我们可以看到,抖音也可以根据用户画像进行目标人群的投放,还是那句话,把抖音作为你的产品传播平台,如果内容做得足够好,这个获客成本优势是站内根本没办法比的。所以,爆款内容拉动电商这套体系,原本就比平台电商有很大的优势,只要我们坚持做,肯定会得到很好的回报。

要点总结

要用好DOU+,DOU+作为我们在抖音平台的推广工具有两个好处:第一,可以测试短视频的数据;第二,可以放大我们的营销目标人群,实现精准的数据营销,付费推广控制得好,四两拨千斤,控制不好,就会浪费很多广告费。

直播篇

精准定位直播,
功效事半功倍

直播篇：精准定位直播，功效事半功倍

应该用什么视角去看待直播电商？

2021年，直播电商已经成为最火的零售方式，抖音、快手再加上淘宝的直播，已经形成了三足鼎立的局面。直播电商的兴起，实际上给了电子商务产业更大的发展空间，也让越来越多的普通创业者参与其中。相对于之前微商的蓬勃发展，直播电商的链路更短，方式也更加直接。那么，对于普通的创业者或者企业来说，应该用什么视角来看待直播电商，就成了一个非常重要的问题。同当年的微商一样，如果角度不对，那么我们就很难把直播电商运用好，不会起到事半功倍的作用。

1. 为什么直播电商能够发展？

要弄清楚从什么视角来看待直播电商，就要知道直播电商是如何发展起来的，当然这个底层逻辑也非常清楚。对于淘宝、京东平台来说，直播电商就是能够更好地展示产品，更好地和消费者互动的一种方式。那么对于抖音和快手平台来说，直播电商就是这些平台商业化的必然产物，平台做大了，用户群体多了，必然要出现与零售相关的一些衍生业态，否则，平台的商业价值就会弱很多。

总结来说，刨除淘宝直播，快手直播和抖音直播都是"流量转移"的必然结果。短视频内容平台的兴起，让原本属于长视频、电商平台的很多用户时间都转移到了短视频平台上，而短视频平台又能够非常直接、精准地和C端产生紧密的关联。这种情况下直接零售就是最好的商业化手段。

抖音和快手的日活数据已经非常惊人，那么如何利用好这些日活数据来做零售也将成为一个重要的课题。但有一点我们要清楚，因为生产的内容不同，所对应的用户也不一样，所产生的零售效果也会不太一样。一般意义上来说，如果是用"GMV=UV × 转化率 × 平均客单价"这个公式套出来的商业模式，成效都不会太好，因为这是典型的流量思维所带来的商业结果。所以，还是要强调一点，认清流量基因，再去做零售的事情，会收到意想不到的好结果。

2. 带货已经成为短视频平台的主要商业化方式

短视频蓬勃发展了好几年，各种MCN（创作者管理机构）也如雨后春笋，层出不穷。到了2020年，大家突然发现，除了顶部的、极个别的MCN有能力通过短视频和广告的形式实现商业化，绝大多数MCN是非常难实现商业化的。因为MCN作为内容机构来说，商业化的途径本来就很少，也就广告、商演、公关活动这屈指可数的几个途径。

于是，直播带货就成了"香饽饽"，而现在确实是这样的一个商业环境，只要有流量，就可以有零售。MCN 毕竟不缺少流量资源，于是各大 MCN 及其旗下的红人，纷纷开始了带货之路。总结一下目前短视频平台的主要带货形式，大概可以分为如下几个方面：

◎ MCN

MCN 这两年积累的粉丝资源非常多，因为内容起家，所以 MCN 的粉丝黏性还是不错的。这就出现了一个非常奇怪的现象：白天投段子，用段子去获得粉丝的关注，晚上就开始直播卖货。很多 MCN 旗下的网红，白天还是霸道总裁，晚上就成了站柜台的推销员。这种反差本来就很难让粉丝接受，为了弥补这个反差，绝大多数网红都给这套打法起了一个很好听的名字，叫"粉丝福利"。因此，超低价、抽奖、超高性价比，就成了这类带货最重要的标签。

◎ 明星带货

明星本身就很有流量，有粉丝，并不缺乏关注度。明星下场带货，本身受关注的程度就会比一般的网红好很多。明星还有一个比较大的优势，就是作为公众人物，具有天然的背书特征，可以给商品带来一定的附加值。同样都是粉丝福利，明星的粉丝福利明显要比网红的粉丝福利更有价值一些，这是对产品推广比较有意义的一个关键点。

但明星也会翻车，因此明星在进行选品的时候也要格外小心，尽量选择一些大品牌、高质量的产品，而不能像网红一样一味地追逐性价比。随着下场直播的明星，尤其是二三线明星越来越多，这个竞争也会非常激烈。

◎ 垂直类内容账号

整体而言，垂直类内容账号的表现要比 MCN 和明星带货好许多，至少垂直类内容账号是有机会摸到一些产品附加值的边界的。以美食类账号为例，如果能够持续地生产优质的内容，并在此基础上进行产品销售，无疑是一个比较理想的路径。但这种操作方式难点在于，内容的推广是一个非常有技术含量的工作，要求对抖音、快手的规则非常熟悉，懂得算法和推荐逻辑，才能尽量吸引到更多的精准人群。有了精准人群，才能更好地进行产品销售。

◎ 个人直接带货

个人直接带货的方式，也算是个垂直类内容账号，之所以把这块内容单独列出来，是因为个人直接带货给很多普通人带来了巨大的商业机会，尤其是对一些附加值要求不高的产业，例如生鲜类、日用品类的从业者。很多人可能没有能力把内容做得非常专业，但是短视频平台确确实实给了这些人更大的商业空间，他们在抖音、快手卖茶叶、卖阿胶糕卖得都非常好。这种模式，只要内容真实，有一定的人设，都会有或多或少的成绩。

3. 流量倒逼的商业新进化

毫无疑问，因为在短视频平台上有流量，而这种流量又可以通过直播的方式直接产生商业价值，会让商业产生很多的进化，这种进化无疑会让整个商业环节变得更具效率。

◎ **大规模地削减没必要的品牌附加值**

我们可以看到，绝大多数带货都离不开低值易耗品，例如纸巾、杯子、中性笔等产品，因为低值易耗品本身的品牌附加值就没必要。这类产品只要是好用，用户实际上是不太关注这类产品的品牌价值的。原来很多这类产品做出了品牌，是因为原来的渠道结构决定了没有品牌就没有附加值，没有附加值整个价盘就支撑不起来，而现在带货，能够让一部分不需要品牌附加值的好产品走进千家万户。

◎ **重度打击品牌价值**

对于企业来说，则又是另一番景象。带货这个事情，是带，还是不带？带，几乎没什么利润；不带，竞争对手都在做。

实际上对于传统企业、电商企业来说，这才是最难下的棋，负责任地说，直播带货本身是一个劣币驱逐良币的生意。流量的生意总会给企业带来价格上的痛苦，所以，对于传统企业来说，大规模地带货对自己的品牌价值的伤害是非常大的。很多人说，大品牌通过带货的方式清理库存是很好的办法，之前清库存都是偷偷摸摸，而现在通过带货的方式就非常直接，甚至理直气壮。这一点传统企业一定要考虑清楚，一定要找到均衡点，不能因为带货出量就牺牲自己的品牌价值，如果真是这样，那将进入万劫不复的深渊。

◎ 真正的供应链能力

直播带货拼到最后，一定是流量能力和供应链能力。流量能力是前端，可以通过内容的方式实现，甚至说可以直接通过投流的方式实现，但后端供应链的整体能力，是真正的硬功夫。可以说，每一次零售业态的更新发展，对供应链都是极大的挑战和考验，也会让更多的掮客没有生存空间。拼多多能够倒逼很多企业把供应链控制做进一步的提升，直播带货也是一样，因为这种零售生态本身就是一种促销行为，很难产生附加值，所以，供应链的整体能力，尤其是对于易耗标品，一定要到一定程度，才能真正地支持好直播带货。

要点总结

我们要清楚地认识到，直播和直播带货是两件事情。直播可以作为企业常规的推广手段，但大面积的带货会给品牌造成比较大的伤害，因此要谨慎使用。短视频和直播是同样重要的，只有踏实做好垂直内容，才会有更好的表现。

直播篇：精准定位直播，功效事半功倍

品牌向左，销量向右

2020年11月，辛巴团队成员在直播间售卖"糖水燕窝"一事引发热议，有消费者质疑辛巴团队成员直播间售卖的燕窝是糖水。11月27日晚间，辛巴回应称，将召回辛选直播间销售的全部该燕窝产品、先行承担退一赔三责任，共需先退赔6198.3万元。

严格意义上讲，辛巴这次出的应该是个大事，涉嫌售假，且金额巨大，虽然现在还不知道后续会不会走司法程序，但这件事情无疑已经揭开了直播电商涉嫌售假的冰山一角。到底还有多少个"糖水燕窝"？谁也不知道，但几乎可以断定，直播电商一定会成为职业打假人的下一个重点"鱼塘"，而且职业打假人一定会收获得盆满钵满。

1. 直播电商应该去扒谁的外衣？

直播电商最大的意义，实际上是减少了商品的中间流通环节，让商业模型可以直接F2C（工厂对消费者）或者小B2C。这本是非常好的一件事情，但无论什么样的商业模式，一旦要大规模地商业化，就会出现爆发式的集中生长，一旦开始规模化的市场竞争，就又会对整个商业链条产生巨大的影响,无论是对用户端的中心化吸引,还是对供应链端的成本压缩,都会进入激烈的竞争之中。

便宜有没有好货?当然有,根据正常的中国市场产品成本组成情况,很多产品的生产成本仅仅是最后零售价格的30%左右。事实上,<u>如果直接对消费者的模型成立的话,我们还是有很大的机会用很低的成本买到很好的产品的</u>。

问题在于,一旦开始规模化竞争,直播电商劣币驱逐良币的商业特性就开始暴露出来。一旦出现这样的情况,就会让很多供应链端极大地压缩供应链成本,消费者就没有机会买到物美价廉的产品。

所以,直播电商到底应该去扒谁的外衣?这是一个非常值得研究的课题。但无论如何,直播电商最好只扒品牌的外衣,而不要去扒成本的外衣,一旦扒去了成本的外衣,就会影响到产品质量。

什么样的品牌外衣最值得去扒?要回答这个问题,只需要看看类似快手、抖音、拼多多这类高供应链要求的电商业态,首先革了谁的命,就能够很清楚地知道这个问题的答案。拼多多起家,是靠生鲜、日用百货这些产品,而直播电商,最好的品类就是服装、美妆。通过对这些品类的分析,我们可以得出这样的结论,生鲜、日用百货、服装(部分)其实都是对品牌要求不太高的行业,这其中生鲜本身就是很难做出品牌的行业。

也就是说,<u>直播电商最好的方式,就是能够扒去附加值虚高的产品,为消费者提供物美价廉的产品</u>。那么什么样的产品附加值虚高呢?人们生活的必需品、日常消耗品、科技含量相对比较低的产品,也恰恰是这类产品，最早把零售场景逐渐过渡到了线上。

举个例子来说，日常用的纸巾、喝水的杯子、写字用的笔，这类产品只要是质量好，物美价廉，就可以用直播的方式很好地营销。原来我们买的这种产品，往往价格都比实际成本高出很多，这倒不是厂家黑心，而是渠道结构决定了在终端必须是这个价格。所以，我们看到，纸巾在线上价格超低而且销量巨大，保温杯、中性笔这些产品直播电商也卖得很好，农产品就更不用说，自从直播电商开始崭露头角，农产品一直就是直播电商的主力。

2. 什么样的外衣扒不得？

商业终究是靠竞争说话的，随着直播电商越来越产业化，企业对供应链成本价格的控制也越来越厉害，这会产生两个后果、积极的后果是，能够让供应链不断完善，不断提高效率，然后适应直播电商的发展，适应直播电商对供应链的要求；消极的后果是，这种让步到达一定程度，就会引发劣币驱逐良币的可怕后果。

<u>一分钱一分货，这是商业的本质规律，如果这种让步触到这个红线，那就会出现一系列的连锁反应。</u>人们开始为了成本不计后果，毫无廉耻地造假经营。

因此，我们会发现，很多有技术含量的商品，企业为了降低成本，科技含量被降低，而找来拙劣的替代品来代替。很多高价值成分，被

稀释得几乎一点点都没有，更有甚者，几乎就是化学成分添加的，比如"燕窝风味"饮品，这到底算是一种什么定义？是燕窝，就标明燕窝的含量，不是燕窝，就不要说什么燕窝风味，这种表达除了会让消费者产生误解和歧义，没有任何可取之处。

目前的直播电商仿佛已经进入了这个困局，但凡有点流量的人，都希望能够通过直播电商的方式来变现，因为这种变现最直接。我们会看到，MCN 的供应链部门整天忙着选品，而选品的标准就是"物美价廉"。物真美的东西，价格一定不会太低廉，如果太低廉，质量是没有办法保障的，而为了竞争市场份额，为了赚取利润，很多商家、机构、主播，都纷纷降低了自己的道德底线。<u>所有的主播，尤其是腰部以及腰部以下的主播，都缺产品，而选品的方向，都是物美价廉的产品</u>。不得不说，这种发展实际上是背离了直播电商这种技术革新带来的发展方向，成为很多毫无廉耻的商家敛钱的工具。换句话说，是因为很多人的这种毫无廉耻，导致了商品不能以正常的样子和用户见面，而是变成了一个到处降低成本的畸形的样子。

我们可以清楚地看到，直播带货已经成为相当一部分 MCN 最后的救命稻草，因为只有带货，才能让他们手中的流量产生价值，但直播电商这种营销方式本质上就是促销，几乎没有什么长尾效应。但促销最大的好处，就是能够出量，只要能出量，就意味着巨额的利润，就能弥补 MCN 的整体运营成本。

3. 直播电商是品牌的大杀器

持续经营一定是需要利润的，如果没有利润，就不可能支撑得起来品牌，就没办法保证产品质量，更不能保证有足够的资金投入研发，没有研发，生产能力就不会进步，我们就没有可能去享受更好的产品和服务。

对于很多品类来说，<u>在选择直播带货的时候一定要慎重，因为直播带货一定是品牌的大杀器</u>。熟悉传统零售的人一定明白一个道理，如果你的产品曾经促销过，促销到过一个价格，那么要想再回到正价卖，这个难度是非常大的。

所以说，品牌商一定要想清楚直播带货能在自己的营销体系中扮演什么角色，并以此为出发点，来开展直播带货的工作。

<u>靠促销完成的销量，一定不会是品牌方所追求的，品牌方追求的，一定是长期稳定的销量、稳定的销售场所、稳定的复购所带来的品牌效应的长久复利</u>。而直播电商几乎不可能带来这种复利效应，因此，对于品牌方来说，直播只能作为扩大宣传和品牌推广的重要工具，而不是追求带货所带来的促销销量。从这个出发点上来说，就要对给品牌带货的网红做一个综合的考量，如果这个网红没有办法让大家相信你的产品会更好，而是只会用你的产品做促销砸价，这种带货的价值就没什么说服力。

举个例子，罗永浩最近带的理然，是很具备参考价值的。理然通

过罗永浩的不断推荐，以及以罗永浩为内容的信息流投放，已经迅速地让自己的天猫店有了很大的销量。在这个营销案例中，罗永浩的作用并不是让消费者去相信他带的理然发胶有多便宜，而是用罗永浩本身的影响力和背书，让消费者相信了理然应该值这个价格。

理然的蓬松喷雾和发胶套装，客单价在110元左右，一点也不便宜，通过阶段性的直播推广，消费者迅速地建立了认知。当然，理然的品牌定位和营销思路做得是非常好的，作为一家2019年才成立的公司，迅速地做到了月销几千万，不得不说是一个很值得思考的案例。

因此，在销量向左的情况下，品牌一定要坚定地选择向右。

<u>直播电商如果没有平台电商做回路支持，永远都会是短路的商业模式。短路的关键，就在于直播电商没有复利效应，只能靠在短时间内获取更大的营业额来支撑这种商业模式。</u>而对于品牌企业来说，没有回路就意味着不会产生复购，也不会有复利效应。在时下的营销环境下，想要做出这样的决策虽然很难，但简单的路，往往都属于投机者，而品牌经营又不是投机行为，因此，只有踏踏实实地做好线上的全链路布局，才能收到最好的营销成绩。

要点总结

对于创业者来说，我们要清楚地知道直播这种商业形态对各行各业带来了什么样的影响，有很多行业是非常适合直播带货的，因为他们的品牌附加值本来就虚高，需要快速打破。而对于本身就有附加值保护的，例如高技术含量的、稀缺的品牌，如果用直播做，就会丧失大量的利润。

直播电商向两极

现在的零售，已经没办法不去考虑直播电商了。这已经是一个不可忽略的存量市场了。根据已经披露的相关数据，2020年直播市场的总体容量是1万多亿，其中淘宝5000亿，快手、抖音也有接近5000亿，且不说这个数字在2021年会发生什么样的变化，万亿的存量市场就很值得引起重视。

我们看到，在2020年下半年无论是传统企业还是创新企业，都加大了对直播电商的布局力度，但到了年底的时候总计复盘一下，却是几家欢喜几家愁，更准确一点说，绝大多数的企业和品牌方都没有在直播电商上找到状态。没有享受到红利且不说，很多企业还弄得鸡飞蛋打，伤害了原本的商业体系。

1. 直播电商是什么电商？

在定义直播电商的时候，首先应该去寻求一个基本的定义，这个定义就是，直播电商是一个新业态还是一个老业态的升级？<u>如果是新业态，那就应该从新业态的角度审视它；如果是老业态的升级，那么我们就有可能从老业态的一些常规办法中找到解决方案。</u>

直播电商的成立有几个基本条件：第一，要有一个场所，这个场所就是直播间。第二，需要主播或者是促销员在现场进行产品介绍，并且通过这种方式（一般是价格优惠）去完成销售目标。第三，需要有足够的人流来支撑直播间的成交，并通过转化率来完成销售目标。

也就是说，直播电商是一个典型的需要在特定的时间、特定的场所，通过一定的营销手段，来完成销量目标的营销方式。从这个角度来说，<u>直播是非常类似于传统零售的促销活动，与传统零售的促销活动不一样的是，场所变成了线上的直播间，而人流变成了UV。</u>

底层逻辑的问题获得了解决，那我们就可以类比促销的逻辑，看一下直播电商的应用实践。如果把直播定义成为促销，那这种操作手段一定不是常态的，或者说，即便直播是常态，但促销一定不是常态。中国市场营销实践了四十年，还没有见哪一家企业靠促销能够把市场规模做得很大，常见的结果是"不促不销"，并且这种状态往往成为大卖场和品牌方博弈的核心问题。由于产品品牌不能长期促销，所以对于品牌商来说，长期的直播电商促销也成为一种不太可取的方式。

从零售品牌的角度来说，这种商业模式一定是成立的，这是非常好理解的。如果一个超市整天打折促销，那它的人流一定是极好的，遍地开花的二元店、十元店也能给这个逻辑提供很好的佐证。从直播

直播篇： 精准定位直播，功效事半功倍

电商的应用实践来说，快手直播、抖音直播都是满足这个条件的。由于现在流量工具发达，快手直播和抖音直播都可以用直接购买的形式来让直播间充满人气。而这个时候，直播间就不能作为品宣阵地存在了，因为用户转瞬即逝，为了尽可能地让用户留在这里，就必须以超级价格优惠力度，让用户马上达到购买高潮，继而下单。所以我们会看到，抖音和快手直播间，尤其是快手直播间，很少有机会做成品宣的舞台，因为用户的需求总是多元的。出事的辛巴是最典型的，他为什么不能坚持？抛开他是不是有良心这件事情不说，我觉得他确实也找不到那么多物美价廉的好产品。

从这个角度来说，直播电商未来的发展，已经会走向两个极端，一个是作为直接零售的极致化方向，一个是作为品宣的极致化方向。

2. 流量一极：直播电商作为零售工具

作为零售的发展方向，这个很好理解，也是目前最广泛存在的一个直播形式。这种方式非常直接，就是有流量就可以变现，虽然市场上套路非常多，但总体上来说，<u>无论是明星带货，还是网红带货，其核心目标就是让目前已经有的流量直接通过产品售卖的方式变现，并且在这个过程中还可以通过推流的方式进行推广，进一步加强收割力度</u>。因此我们可以看到，很多人白天还是霸道总裁，晚上就成了超级主播。

直播电商作为零售工具，对供应链的要求是极高的，因为没有绝对的物美价廉，想要高的转化率几乎是不太可能，这种所谓的"货找人"的营销方式本质上就是冲动消费。用什么能够刺激用户冲动消费？只有价格，或者说只有性价比，除此之外，很难再有别的套路。

网红直播，尤其是明星下场直播之后，更是如此。在目前这个泛娱乐化的时代，用户可以追逐关注的 IP 是非常非常多的，关注你的并不一定是你的粉丝，这个和代言逻辑是有本质上的区别的，即便是明星，也得给用户提供物美价廉的产品。所以，直播作为流量工具，本质上就是流量的生意，它是完完全全满足电商的"GMV=UV × 转化率 × 平均客单价"的万能公式的。

换句话说，只要投流的账能算得过来，这件事情就很值得一做，只要主播有足够的成交能力，只要供应链有足够的优势，这件事情就成立。

直播电商作为流量生意还有一个天然的功能，就是能够把很多伪品牌打回原形。什么是伪品牌？就是在传统零售时代，依靠传播优势、渠道壁垒建立起来的，并没有太多技术壁垒的品牌。流量太大了，订单太多了，就可以让很多工厂直接生产。这个时候，"物美价廉"就成为第一追求，而伪品牌多半都是有很高的营销成本的，当用户的需求只是这个产品本质的东西时，品牌就变得没有什么价值。例如，当小米的"巨能写"真正开始 9.9 元一大把的时候，当抖音上这么多人开始跟进卖中性笔的时候，晨光、广博等品牌一定会感到恐慌，因为这块市场本来是属于它们的，而现在搅局者是没有任何营销成本的。

从 2020 年开始，很多行业实际上没有什么机会了。因为这些行业在互联网、在直播的大环境里，已经彻彻底底地丧失了再去做品牌的机会。例如，现在谁还会想，能去做一个清风、心相印这样的品牌？很抱歉，它们的生命周期已经快走到尽头了。产品技术壁垒不高，很容易做到物美价廉。这样的品类有很多，而且以后会越来越多。这种品类会是直播电商重点打击的对象，因为只要产品足够好，品牌价值意义不大，就有很大的机会在直播电商上做爆量。

但直播电商作为一个流量生意，还是有弊端的，这个弊端就是购买的流量往往不精准，直播间一般都是超市逻辑，因为去拼一场全部都是物美价廉的产品的专场很难，而每一个产品所对应的用户群体都不太一样，所以，我们很难说通过精准的投流去解决流量问题。段子手们也一样，也不知道他们的段子所吸引的用户对产品会有哪样的需求，这可能是使直播电商流量效率不高的一个主要原因。但无论如何，这是一个好生意，最起码能让流量快速变现，这可比第一代网红幸运得多。我们可以试想一下，如果当年的"芙蓉姐姐""潇洒哥"赶上今天这个时代，将会是一番怎样的景象？

3. 品宣一极：直播电商作为传播工具

直播电商，除了能够用流量的视角审视之外，当然还可以用直播的视角审视。因为相对于传统的媒介传播工具，直播无疑是最直接、效率最高的工具。

从品宣的角度来看直播电商，就一定要抛开流量思维，也就是说，直播一定是一个品牌整体建设的组成部分，而不是单独割裂的。流量思维的直播电商只能是促销行为，这种业态一定是属于中间商的，而一定不是属于品牌企业的，因此，品牌企业要想通过直播电商获取附加值，就一定要从品牌的视角再次审视直播电商。

举两个例子，理然是一家2019年才成立的化妆品企业，2020年，经过罗永浩多次在"交个朋友"直播上大力推广，理然的天猫店已经可以做到月销两千万。海洋之风在找罗永浩推广之前，一直是几千万的盘子，而在罗永浩推广之后，迅速做到了月销过亿。

这里不得不说罗永浩这一次商业进化是成功的，他已经很好地找到了自己的定位，并且迅速地进化成了"好物推荐官"。

理然和海洋之风找罗永浩直播带货会赚钱吗？显然不会，几乎没有人能从罗永浩那里通过直播赚钱，但偶尔的促销会让大家相信，原来海洋之风和理然真的值这么多钱。相信这件事情的意义，要远远大于罗永浩给海洋之风带了多少货，因为，经过在新媒体平台高密度的推广，已经有大量源源不断的搜索流量精准地到达了理然和海洋之风的店铺里，只要能够接得住这些流量，那很快就会成为正循环，在电商平台上打爆。

网红的选择很重要，网红的品牌让渡能力将直接决定他能给产品带来什么。选择带货网红，活该被割韭菜，选择能加持品牌效应的网红，就会有源源不断的搜索流量直接到达店内。

直播电商作为传播工具一定不是能够独立存活的，它一定要电商平台作为闭环工具，才能够完整。这是直播电商作为传播工具选择网红的角度，除此之外，直播电商对于品牌方也是很好的日常传播工具。

在新的革命性的技术来临之前，短视频和直播几乎就是工具发展的最高段位了，因此，在未来的三五年，应用好直播和短视频工具，是每一个企业必修的课程，而且是不能逃课的课程。

用户靠什么来评价产品？靠的是他在了解某一个产品时所获得的信息，从这个角度来讲，直播相对于图文、相对于短视频都具备天然的竞争优势。直播，可以最全面地还原营销场景，可以最真实地进行客户沟通，所以，直播完全可以成为品牌方常态化的销售工具而存在。

从成交率的角度来讲，直播大于客服，客服大于静默下单。所以，"直播客服化"就是很多电商企业必须要完成的布局目标，如果常态化的直播能够给全店转化率带来1%的提升，这就是很了不起的成绩。而且这种方式对产品、品牌、附加值都有良好的促进，是非常良性健康的营销方式。

4. 选择最适合的方式开展直播工作

很多企业明明没有太多的供应链优势，却偏偏跑去做直播带货，结果肯定是赚不到钱。而很多供应链能力非常强的企业，非得想要在平台上搞一个品牌出来，殊不知很多品类已经没有建立品牌的窗口期。在窗口期外边做事情，无论多么努力，都得不到好的结果。

从商业价值上来说，直播毫无疑问是领先的，因为它是最先进技术的应用体现，也正因为如此，很多企业在应用实践中会犯一些比较低级的失误。2021年，直播电商向两极的分化越来越明显，只要我们能够想清楚，直播能够在我们的整个生意体系中扮演什么角色，很多事情才做得不会错乱，我们针对直播的工作才能够事半功倍。

要点总结

直播很难能成为一个独立的生意模式，虽然现在把直播单独做的机构和公司有很多，但无不面临着供应链、价格的巨大压力，很难获取附加值。因此，把直播定义成为自己营销体系中的一部分，才能让整个体系更顺畅。

电商运营篇

只有电商爆,才是真正的爆

🎙️ 新网红品牌

只有电商能保护住品牌附加值

中国零售近几年已经越来越出现一个明显的趋势，就是商品的零售价越来越向"物美价廉"发展，能够呈现这个趋势的主要原因，是线上技术、商业模式的快速发展，实现了很多 F2C 或者大 B2C 的可能性。物美价廉的产品开始可以直接面向终端用户销售。也是因为如此，很多线下门店受到线上商业的影响，纷纷开始打折促销。

当然，之所以出现这种现象，还有一个核心原因，就是"物美价廉"一定是终端用户最核心的诉求。我们不能否认有一部分群体通过对品牌化的要求来彰显身份，但"物美价廉"一定是绝大多数用户最核心的诉求，正是因为这个诉求，当技术上能够实现直接面对终端用户的销售的时候，这种需求的释放一定是爆发式的，也就有了拼多多、直播带货这么大的市场容量。

1. 传统零售品牌与去品牌化的商业环境

任何一个品牌都有固定的生命周期，这是一个老生常谈的话题，我们会感叹，说诺基亚败给了时代，没有在智能手机这个领域获取市场份额；我们也感叹，说大润发这样的零售品牌最后输给了阿里巴巴。但同样我们也要想到，几乎所有在传统零售生态环境里成长起来的品牌都有输给目前这个商业环境的可能性。

传统的品牌是如何产生的？或者说，为什么在传统零售环境生长出来的品牌会长这个样子？我们知道，品牌的作用，实际上是要在消费者的心智里建立一个印记，这个印记的核心作用，就是帮助消费者在购买的时候做出一个正确的选择。也正是基于这个原因，传统零售品牌一定要关注在传播渠道上的投放，因为这种不断加持的、不断强化的形象力，是可以决定购买选择的。

从另外一个方面来说，能看到广告还不够，还需要能够买到产品。因此，渠道和终端又成了传统零售企业不断竞争的另一个战场，从"渠道为王"到"通路精耕"，传统零售品牌不断短兵相接，能够获得更多终端资源的企业，自然也会获得更大的销量。

但重要的是，所有的这些事情都是需要花钱的。广告投放要真金白银，渠道的各种费用也非常高昂。<u>一般来讲，只有资金、资源、团队都有很好的能力的企业，才能在这个赛道胜出</u>。在这个过程中，实际上是加大了对产品成本的压榨，因为各种营销、传播、渠道费用实在是太高了，终端又在竞争价格，所以，压榨生产成本也成了非常无奈的选择。

传统零售品牌就是这样产生的，因此，我们看到的最终结果是，无论是在大型卖场还是在终端小店，绝大多数的产品生产成本都不到实际销售价格的 30%，更有甚者，连 10% 都不到。举个例子，我们花 20 元买了一个成本只有 3 元的杯子，这能用"物美价廉"来形容吗？显然不能。但在传统零售渠道里这确实是每天都发生的事情。

"物美价廉"会一直是消费者最核心的需求。在传统零售时代，这种品牌价值的建立很大程度上是因为渠道的封闭环境。而当技术有能力打破渠道壁垒的时候，这种品牌价值很快就会失去。

2. 看"物美价廉"如何碾压品牌的"精神鸦片"

为什么要花这么大的篇幅来论述传统品牌建立的逻辑？这是因为，传统品牌建立附加值的逻辑在今天已经严重站不住脚了。

从某些层面上说，会有越来越多的品牌失去意义，或者说，有越来越多的品类失去品牌营销的意义。

举个例子，今天在快手或者抖音的直播间里，200 元可以买 3 条质量很好、款式很新的牛仔裤，相比较而言，杰克琼斯、斯莱德的牛仔裤还有什么竞争力？更不用说那些更高端的品牌。在新的零售形态产生之后，这些品牌都面临着巨大的压力。

我们不否认有的时候品牌象征着身份，象征着品位，象征着消费能力，但我们更想说，对于绝大多数消费者来说，如果有了更好的、更物美价廉的渠道，消费者对这些品牌的忠诚度马上就会丧失。现在再看看，所谓的品牌精神倒像是品牌方强加给消费者的"精神鸦片"。

"鸦片"吸食得越多，口袋里的钱就会越来越少。钱越来越少，就会选择更加经济适用的方式。

200元买3条牛仔裤的事情，在传统渠道环境下为什么不会发生？这主要是因为渠道的封闭，造成了只有降低成本才能进入流通市场。而今天，在快手，在抖音，F2C的商业环境里，200元能够买3条非常好的牛仔裤，甚至还可以保证一条是加绒的，消费者开心，工厂有利润，何乐而不为？

可以这样说，未来对于像牛仔裤这种品类而言，基本上已经丧失了做品牌的价值，品牌的"精神鸦片"已经被"物美价廉"无情碾压，新的零售时代即将开启。

在这里我们要做一个简单的总结，哪些品类会出现"物美价廉"碾压"精神鸦片"的事情呢？这件事情总结起来也很简单，我们可以从两个角度找到这个问题的答案。

第一，从渠道资源的角度。原来一切以渠道壁垒建立起来的品牌，都面临着被深度扒掉品牌价值的风险。所谓的渠道壁垒就是渠道的稀缺性，这里边包括优质商圈的店面，大型卖场的好位置，从这个角度看，能够对号入座的品牌就非常多了。

第二，从产品本身的角度。那些本身技术含量就不高，产品同质化特别严重，又不是冲动型消费的产品，是首当其冲被摘掉所谓品牌价值的帽子的，比如大部分的日化、服装、日常消费品，都面临着这样的风险。

3. 在未来，品牌附加值要从哪里来？

2020年，中国快消品领域有一件事情是非常值得我们去思考的。雀巢，把它们在中国市场的饮用水业务卖给了青岛啤酒。

我们能从这件事情读到哪些信号呢？简单分析一下，我们应该能够得到如下几个方面的结论：第一，国人已经不再盲目地迷信国外品牌的"精神鸦片"，"雀巢"这个牌子应该没有办法再继续给饮用水业务提供品牌背书，应该是这个交易的首要考量。与此同时，花西子、完美日记等国内品牌能够在化妆品领域异军突起，也能说明这个问题。第二，用户已经非常清楚，雀巢的水不一定比他老家的矿泉水厂生产的水要好。或者说，老家的矿泉水厂至少还能知道有个泉眼，质量肯定有保障。第三，矿泉水这种产品，已经没有办法来支撑品牌附加值和利润了，因为像这种生产成本极低、利润非常高而又几乎没有门槛的行业，已经快被扒光了。

靠广告而偏离产品，已经非常难了。同质化的产品想要再靠"精神鸦片"去营销，也会非常难。

未来品牌附加值的建立，唯一有保障的路线，就是超级好的产品品质，带来优越的用户体验，并因此形成复购产生的附加值。

我们几乎可以下一个这样的定义，未来的品牌一定是要真正地建立在产品本身的壁垒能力之上的。这种壁垒就是稀缺性资源，例如，无论雀巢把饮用水业务卖给谁，都不太会影响巴马这种品牌，因为这种品牌本身就是稀缺的。这种壁垒是要建立在卓越的产品研发和品质之上的，例如，不管低端吸尘器如何竞争，戴森就是戴森。这种壁垒一定能够经得起别人扒皮和推敲。化妆品行业为什么近几年变天变得这么厉害？很大原因就是很多国际大牌也经不起扒成分，一扒就把所有的成分秘密、配方全部公开了，大家一看，原来大牌也不过如此，同样是这些东西，我为什么还要花这么多钱呢？

4. 只有电商平台能够保护品牌附加值

我们前边论述了未来的商业、品牌与品牌附加值建立的方式方法。那么还有一点很重要，就是只有电商平台才能建立品牌附加值，这也是为什么电商运营在新网红品牌体系里的作用会这么重要。

换句话说，如果没有能力在电商平台上爆，那一定不会是有品牌附加值的爆品。海洋之风、花西子、完美日记这些品牌，随便哪一家，它们的主营业务收入都是靠电商。我们可以下这样的结论，如果不能在电商平台上爆，那就一定是伪爆品。

这是为什么呢？

我们一定要非常清楚地认识到一点，品牌附加值的建立，并不是喊出来的，而是消费者通过不断比较，进行了"用脚投票"的过程才产生的，因为他用脚投过票，所以他才愿意为更好的产品付出更多的钱。在这个基本逻辑前提下，我们可以认为，只有支持"搜索逻辑"的零售平台，才有机会建立品牌附加值。

也就是说，只有"人找货"才有品牌附加值，"货找人"根本不可能建立品牌。当然，"货找人"可以作为一个基本的推广手段，但最终目的，是要让消费者从"货找人"转而成为"人找货"，这才是竞争的关键。

综观现在的零售环境，直播、社群这种零售方式都是典型的"货找人"的方式，本质上就是促销，根本不支持"搜索逻辑"，更不支持"比较逻辑"。抖音和快手的电商，基本都是这个路子，很难建立品牌附加值。在这种平台上，通用的一些产品可以获得很多的机会，但想建立品牌附加值，几乎是没机会的。

只有平台电商支持这个逻辑，因为平台电商从出生那一天，身上就带着"搜索逻辑"的天然基因，用户可以在电商平台尽情地找、看、对比，直到最终选择到理想的产品。

因此，最应该做的事情是，想尽一切办法让用户降低选择对比的周期，并且在电商平台完成交易。不对比肯定是不行的，因为不对比就没办法带来更多的附加值。过度的对比也是不行的，因为过度对比容易造成客户流失，决策周期太长。而如何让客户降低对比周期，这实际上是一套需要重点关注的营销推广逻辑，我们在本书前文已经论述了很多，在此不再赘述。总之结果只有一个，把这个产品印在这个品类里，我们就会更接近成功。

电商运营篇：只有电商爆，才是真正的爆

○ 要点总结

店铺为什么这么重要？店铺的重要之处，在于店铺是专业的零售工具，有巨大的公域流量，并且能够实现搜索模式的比较购买，只有比较才能赢得更多的附加值。

打造超级店铺，承载全网势能

在前边的内容中，我们分享了短视频平台的基本操作技巧，讲述了如何能够通过直播的形式，做好宣传推广工作。当然，我们做这一切的所有目标，就是拉动我们在新媒体平台的势能，并因此来提高我们在全网的品牌势能，最后让这些品牌势能在电商店铺里沉淀，完成最终的闭环。

1. 短视频平台和电商平台链接的两种方式

我们在前边的内容中反复强调，只有把所有的流量沉淀到电商平台，我们的整个系统才能有效地运营起来。那我们应该如何实现短视频平台和电商平台的链接呢？一般来说，有直接跳转链接和品牌势能链接两种重要方式。

新网红品牌

◎ 直接跳转链接

很多短视频平台都有工具,直接可以往电商平台进行链接,这个是合规的,并不会被短视频平台判定为引流操作。这种链接方式比较适合简单产品的操作,比如性价比比较高的产品,如农产品等。这些品类的品牌附加值操作空间不高,我们只需要在短视频平台上做好内容,然后链接到电商平台,让用户下单。这样的话,我们的电商平台就会不断有流量进来,具备了长期经营的基本条件。

◎ 品牌势能链接

品牌势能链接的操作是最关键的,严格意义上来说,直接跳转链接也是品牌势能链接的一个操作办法。

品牌势能链接的关键点,在于我们要通过短视频平台、图文平台去构建一个品牌和产品的势能,通过精准的品牌定位和卓越的产品表现,去真正建立一个网红品牌的影响力。这个影响力建立之后,就会在电商平台上有很多直接搜索的流量。这种操作虽然没有直接链接,但势能的链接更是品牌附加值的保障。这是一个非常复杂的操作,品牌定位、产品研发、营销操作都得跟上才行。

我们用短视频平台做网红品牌的品牌宣传,做网红品牌产品的首次购买体验,然后,品牌势能足够强,产品功效足够好,就可以给我们的电商平台带来源源不断的流量。

2. 精准的店铺定位是承接品牌势能的关键

精准定位会带来超级购买和超级复购。店铺的定位是非常重要的，这与品牌和产品的定位逻辑是一致的。如果说品牌定位是为了占据用户心智，产品定位是为了让用户购买我们的产品，那么店铺的定位就是让用户能够找到购买我们产品的地方，所以店铺的定位一定要从一而终。这就是装修的关键点。

我们花了这么大的精力去定位品牌、研发产品、搞新媒体和直播运营，结果消费者到了我们的店里边一看，店铺不是这么回事，就是简简单单的几个产品挂在那里，这样是肯定没办法建立信任的。所以装修还是要下一点功夫的，要延续品牌风格、产品风格、新媒体的内容风格。无论是招牌、主图还是详情图，一定要做到整体的风格统一，一定要给用户很专业的感觉，也一定要让用户在我们的店里逛起来。这样，我们从新媒体平台吸引的流量，转化率就会更高。

3. 所有的操作都要指向店铺的经营业绩

网红品牌体系最后的落脚点，是在平台电商的店铺上。所以，我们所有的运营目标都应该以如何提升店铺的业绩为主要的考量。对于店铺来说，产品线规划是一件很重要的事情，我们要定位好流量产品、利润产品、形象产品、主力大单品等战略位置。由于新媒体的推广，我们要做很多的活动，而我们的主力大单品却没有办法去做促销活动，因为一旦做了促销活动，就会伤害产品的价格，就会陷入"不促不销"的怪圈。在这种情况下，我们应该怎么办呢？

在这里，我想给大家插入一点关于直播电商的内容，在2019年天猫"双11"直播预售中，李佳琦的直播间里雅诗兰黛"小棕瓶眼霜"买一送一，预售总数为46.78万件，李佳琦一人扛下了87%的销量，把雅诗兰黛送上了"双11"美妆预售第一名的榜单。

这样的结果好还是不好呢？我个人非常强烈地不建议主力产品做这样的促销活动，因为大家都知道了"小棕瓶眼霜"可以买一送一，对雅诗兰黛来说，这个结果就是以后有越来越多的消费者在等着以后"小棕瓶眼霜"买一送一。这会严重伤害产品的价格体系。

相反，海洋之风益生菌牙膏在全网都是68元，到哪里都没有促销价格。全网价格绝对统一，消费者到哪里买都是一样的，这才是正确的操作。

回到我们刚才的话题，如果我们的主力产品没办法做促销，我们应该怎么办呢？

◎ 店铺运营的"1+N"产品矩阵模型

这种情况下，我们就得使用"1+N"产品矩阵模型来支撑这种操作。"1"代表我们的主力大单品，主力产品正常在各种平台推广，价格万年不动。而"N"就是同一品牌定位下的其他产品，可以长期打折吸引用户来到我们的店铺。用户来到我们的店铺之后会发现，噢，原来店里最好的东西是这个主力大单品。这样的话，既保证了我们主力产品的价格稳定，又能给店铺带来很多的流量，是非常重要的营销操作办法。

举个例子，如果你是做化妆品的，修复乳是你最重要的产品，那就把你的修复乳定义成为主力大单品，其他的产品，例如一些毛利比较高的水、霜、面膜，可以适当地做一些活动，通过新媒体平台引流到电商平台，促进产品销售。

4. 私域流量没有意义，只有品牌私域流量才有意义

2020年下半年开始，很多人开始炒作"私域流量"的概念。其实坦白地说，我觉得私域流量实际上没有多大价值。什么有价值？品牌私域流量有价值。而品牌私域流量的呈现形式，一定不是社群。

怎么来理解这段话呢？我们都知道，很多人做私域流量就是把用户沉淀到微信群里，这样做的好处就是能够把你的客户圈在一起。这表面上看起来很好，你能有更多的机会和用户深度沟通、互动，但这里边的风险也是非常大的。

我们要知道，用户只有购买你产品的那一瞬间才是属于你的，除此之外，都不是。因为你也很忙，用户也很忙。在产品购买之外，去做那些没有必要的沟通，实际上都是多余的。你让人来社区内，

总得有点由头吧，促销、活动、打折这些办法往往还会伤害自己的价格体系。

所以，我们要做的事情，实际上是让用户在购买我们这类产品的时候，第一时间能够想到我们的品牌，愿意去我们的店里购买。这实际上是一个不断强化品牌印记的过程。那我们应该如何强化自己的品牌印记呢？答案是，在尽可能多的地方布局我们的内容，并且能够经常去更新。这样的话，我们就可以保证常常能给用户带来新的知识、新的印象，也就能强化我们的品牌在用户心智的位置。

换句话说，我们要学会用内容来管理客户，而不是用结构（社群）来管理用户。我们要记住，市场竞争是一个永恒的话题，我们要比的是产品能力，是创新能力，是内容能力，而不是圈客户的能力。社群电商为什么活跃度会越来越低？很大一部分原因，就是你用社群把你的客户惯坏了。好东西就必须贵，这是公理。很多人为了让群里的客户活跃起来，到处去找便宜的产品、性价比高的产品。而客户就是这样被你养得越来越刁。

我们去看海洋之风的头条号和抖音号也能看到，没有多少粉丝，但我们得到的结果是用户会长期在海洋之风的京东店里复购。这才是我们想要的理想的结果。所以，私域流量不重要，品牌私域流量才重要。品牌私域流量的呈现形式，一定不是社群。

要点总结

要把电商平台的店铺建设好,才能真正地承接短视频内容平台的流量。建立两者链接的方式有两种,一种是直接跳转链接,比较适合简单操作,另外一种是品牌势能链接,这个操作需要一套完整的营销体系来支撑。我们所有的目标,都是要让我们的店铺经营业绩做到最好,所以,基础的电商店铺操作、精准的店内产品定位,才是最关键的事情。

数字化篇

数字化,
给零售插上效率的翅膀

我们该用什么姿态看数字零售？

2020年年底，营销数字化是整个行业里边非常热的一个话题。当然，这个话题相对来讲比较高级，营销数字化不仅意味着使用数字工具对营销体系进行全面管控，还意味着数字化思想要在企业里生根发芽，成为一种常态化的思想。对于很多传统企业、微商、中小企业来说，数字化的建设可能是一个长期的工作。一方面，这项工作有一些技术上的壁垒，需要相关的人才支持才能够开展。另一方面，从传统的营销工具过渡到数字化管理工具，这种思想的转变也是非常困难的，并不是一朝一夕能够解决的。

从新网红品牌建立的角度来说，数字化是新网红品牌建立过程中非常重要的工具。因为新网红品牌的建立对线上营销手段的依赖非常高，而线上则是天然数字化的环境。往小了说，图片点击率就是一个数字化营销的体现；往大了说，各种投放，用户的获取，都可以用数字化的方式去呈现。

由于新网红品牌基本不涉及流通领域，因此，我们把数字化营销对渠道管理这部分内容拆出来不做讨论。也就是说，本书所探讨的都是线上营销环境的数字化零售。

新网红品牌

1. 数字化零售的意义在哪里？

一般意义上讲，在新网红品牌的建立过程中，数字化能够在两个方面给到关键性的支持：第一，以用户画像为导向的数字化分析；第二，以获客为导向的数字化推广。

先来说一下以用户画像为导向的数字化分析。<u>在传统零售中，企业通常是按自己对市场的调研情况，开发产品，再一级一级批发到各地商场</u>。但由于调研样本的准确度不够，或者不同区域样品的结果偏差，造成了许多产品并不符合消费者的需要，经常可以看到"大降价"之类的促销活动，严重影响了企业的运营效率。

而进入电商时代之后，这个问题，尤其是线上产品开发就得到了很大改善。无论是天猫还是京东，都会给我们提供非常完备的数据分析平台。这种数据分析平台的基础数据，相比传统的数据调研更加准确，会给企业的产品研发提供大概率的基础数据保障，可以大幅度地提升企业在产品定位上的精准程度。

我们再来说一下以获客为导向的数字化推广。在传统的营销过程中，尤其是以"深度分销"为代表的营销推广过程中，所有的营销动作都是以产品到了终端为基本条件开展的。因此，所有营销费用的投放全部都是以"终端"作为最小的计量单位来实现的。例如，厂家在某一个饭店投放了3000元的推广费用，买下了两个大的堆头，做了全店的POP（购物场所能促进销售的广告）形象，这就是3000元推广费带来的营销资源。对于终端店面来说，这种推广是没有办法具体到"人"这个最小个体的，因为没办法具体到人，导致了终端店面只能以活动效果或者阶段性的销量统计作为最后的评估标准。

而电商时代则发生了重大的变化，一切以 UV 为计量单位的推广，都可以具体到人。一个直通车吸引了多少次点击，每个点击的浏览时间、浏览深度，甚至没在我们店里买的客户跳转到了哪里，都会有详细的路径数据。相对于传统零售的效率，电商的效率是可以直接把营销推广目标具体到人的，这就是极大的效率提升。

因此，零售数字化实际上是技术的进步，零售平台的变化带来了营销效率的革新。而这种革新实际上有能力将营销目标直接具体到人。更厉害的是，线上平台的零售不仅可以将营销目标具体到人，而且可以将推广目标具体圈定某一类人，这就会给企业在推广过程中带来极大的便利，更有利于企业去针对某些细分市场做出针对性的产品，取得更好的营销成绩。

2. 零售的数字化，实际上是以营销逻辑为底层的概率修正过程

一旦将营销具体目标圈定成以人为代表的个体，很多推广方式就会发生本质的改变。而线上工具的方便之处在于，我们可以时时刻刻通过测试的方式，来修正我们对某一类人的推广办法和推广效率，从

而达到最优的推广效果。

测图，就是电商人最常用的推广手段之一。要去做一个直通车，需要一个"车图"，而好的"车手"往往会在推广之前做至少三个不同风格的图片，对直通车进行测试，从而选择数据最好的那张图作为大成本投放的主图来使用。

现在的短视频推广，效果广告则更是这样，每一个推广视频都会有相应的完播率、点赞率、进店数据、成交转化率的统计，效果广告的优化师们每天所做的工作，就是根据这些数据的测算，做出某些内容上的调整，让投放的效率不断提升。

我们需要指出的是，既然所有的调整都是为了提高转化率，那么提升这些转化率的背后核心机理又是什么？只有找到了这个核心机理，我们才能够把营销效率提升到理想的水平。可以这样说，对营销学、品牌学、产品学、传播学的理解程度，实际上是决定这些转化率的关键。很多传统的电商企业虽然知道应该测图，却不知道图和图背后真正的差别在什么地方。

我们在本书中，曾经提到过一个"315"法则，就是典型的营销逻辑。产品包装设计，应该用3秒钟的时间获取用户的目光，并且用15个字来说服用户购买。这个法则在推广测图上一样可以应用。因为场景差异的原因，我们可能要求用1秒钟的时间让用户更先看到你，用10个字来说服用户点击你。也就是说，我们同样还是需要在更短的时间内，尽可能地给用户传递更多的精准的、有用的信息。从这个角度来说，"视觉锤"和"语言钉"的道理在这里也同样可以发挥作用。

短视频推广与传统的电视广告有着巨大的不同。传统的广告因为都是泛传播，并不能做到精准到某一个人，所以，在推广的过程中就面临着大量的无效传播和浪费。而短视频推广则是可以精准地推送到每一个人的手里边。如何让用户愿意看我们的短视频、看了之后还愿意跳转链接购买我们的产品，就成了关键。

相对于传统的媒介，现在的短视频已经成为更快的传播链路，在这个链路上，同样也要求在更短的时间内向用户传递更多的、精准的、有利于下单成交的信息。传统广告讲概念，短视频广告更重动销，这种快链路传播的工具则要求我们在内容上更单刀直入，更直击痛点，才能做到更好的推广效果。

通过上面的分析，我们可以得到一个结论：<u>技术只能给我们提供一个更高级的营销工具，而真正决定营销结果的，还是底层营销逻辑的正确性</u>。从这个角度来说，懂得营销基本逻辑和数据分析的人才，在未来会显得更难得。通过数据分析找到问题，并且用营销的方法论解决这些问题，才是真正的数字化零售。

3. 数字化零售需要关注的几个关键点

从效率提升的角度来看，零售的数字化一定是未来五年最重要的发展方向。而对于传统企业或者电商企业来说，又需要关注哪些关键点呢？

◎ 品类大盘数据分析

一定要通过品类大盘数据了解到整个大盘的存量市场，天猫、京东都可以通过一定的数据分析方法，找到大盘市场的分析。只有对这些数据清晰，我们才能清楚地知道现在的市场容量是多少，竞争对手有多少，主要竞品是谁，价格区间是多少，推广方式有哪些，目标人群在哪里。我们才能知道竞争的终局在什么地方。

当然，存量市场的分析是一个基本数据的研判。如果有能力，还要看一下所经营的品类是不是正在做平台迁徙。如果你经营的产品的市场份额正在快速地从一类电商平台迁徙到二类电商平台，那么很多营销方式和营销手段就都要重新考虑。

◎ 获客成本测算

我们一定要清楚地知道获客成本。为什么获客成本这么重要？因为获客是整个营销体系里最最关键的一个环节。只有获客成本算得清楚，才能不断地对获客的方式进行调整。不断优化获客能力，会成为下一个阶段企业营销的关键胜负手。

◎ CRM 与复购

我们都知道 CRM 很重要，但真正能够做到 CRM 的企业却非常少。我们的产品在客户端的消耗时间和复购周期是非常关键的营销指标，毕竟成交一个老客户的成本要远低于成交一个新客户。随着技术的不断进步，会有越来越多的工具可供我们使用来进行 CRM，或者说企业更有机会去建立一个相对稳定的私域流量池。有了用户数据和复购数据的统计，实际上就建立了一个相对稳定的产品评价体系，能够让我们在产品后续的升级过程中，建立非常客观的数据依据。

要点总结

可以这样说，未来没有一点数字化功底，很多营销工作是做不了的，数字化能带给企业本质的飞跃，但前提条件是创业者一定能跟得上。TOC 的生意，数字化是关键，我们一再强调，未来一定要学会直接 TOC，因此，数字化一定会成为企业营销实践的基本功。

个体创业篇

个体创业进化论

个体创业与网红品牌

在本书中，我们用大量的篇幅论述了传统企业转型，或者说，这些论述都是从企业视角给的一些具体的营销建议。那么，网红品牌的营销思想能不能帮助个体创业者、中小企业实现营销的提升？在这一篇里，我们将重点阐述新网红品牌营销思想，对个体创业者、中小企业的营销实践会有帮助。

1. 个体创业者应该用什么姿态面对今天的创业环境？

自从 2015 年以来，整个大的营销环境实际上发生了非常多的变化，<u>对于创业者来说，各种各样的新平台、新技术的出现，让营销有了更多的可能性和实现方式</u>。风风火火的这六年的时间，实际上也是一波比较大的造富潮，微商、抖音、快手，让很多人都实现了逆袭，实现了财富的增长。

但这几年有个突出的特点，就是无论做什么，真正能够成功的人是少数，而绝大多数人在尝试了这些新的营销方式之后，并没有获得成功，甚至对于一些比较成功的人来说，成功也不能坚持很久，也很难复制。所以，在这个时间节点总结一下过去的六年并展望一下未来，还是非常有意义的。

个体创业者应该如何面对当下的环境呢？

坦白地说，这是一个挺困难的话题，因为营销工具的变化实际上是以技术作为基础的，是技术的变化更加适应了目前的整个商业环境。从微商时代开始，"流量"一直是个体创业者绕不开的话题，微商用各种各样的办法引流，然后转化成交，快手、抖音也是流量的前站，通过社群或者直播的方式去变现。

为什么大家都在做流量的生意？因为在行业的红利期，流量的变现速度是最快的。在这种情况下，不需要太多的专业能力和专业技巧，通过人的方式就可以实现商业的转化，这当然是非常好的红利期。但随着竞争的加剧，我们发现，流量已经被分化得特别严重，很多红利期的事情现在已经做不了了。我们应该怎么办？

换句话说，个体创业者必须清楚地知道各种工具在今天都是什么价值。举个例子来说，很多人都在做抖音，市面上也有很多关于抖音运营规则的介绍，但是换句话说抖音的运营，是传播完成了从长视频平台到短视频平台的过渡。也就是说，要想真正做好抖音，首先是要对传播非常精通才可以。很多人会告诉你抖音怎么做，告诉你这些技巧性的操作，但很少有人会告诉你传播学是一套怎样的学问，传播学背后的营销学又是一套怎样的学问。

所以，再强调一遍，对今天的创业者来说，尤其是中小企业，必须要知道各个平台的营销特征、流量属性，只有把这些问题都想得非常清楚，才能把自己的营销工作进行一个良好的排列组合，做到事半功倍，效率提升。

2. 一定要知道商业项目的终局在哪里

最厉害的人是什么样的？一定是在最开始的时候就能把项目最后的状态想清楚的人。因为只有想清楚项目终局，才能真正地把目标列好，才能真正地把目标分解，而不是定目标的时候拍一下脑袋，根据感觉想一个，这种目标往往没有什么实现性。

我们能看到的绝大多数创业者，都是拿着自己觉得很好的创业项目、很好的产品在进行推广，饱含热情，饱含情怀，想尽一切办法、联系各种渠道进行推广。但往往这种方式效率比较低，很难起到比较大的作用。

因此，<u>我们需要知道，我们要去做一个项目，这个项目呈现的终局在哪里？</u>想明白这个问题，我们就可以讨论一下这个终局到底有没有意义。有意义，就把终局倒推，换成可供实现的营销手段去做；没有意义，我们就应该思考一下，这件事情到底有没有操作的可实现性。

我们举两个例子来说明一下这个问题，首先我们来举一个大一点的例子，企业级的，以"花西子"系列美妆为例。化妆品、美妆的竞争激烈不激烈？非常激烈，不知道多少人在这条路上前赴后继，但是真正成功的却非常少，那为什么花西子能够取得成功？是因为花西子清楚地知道"美妆"与"中国古典美学"这种关联，一定能够支撑一个巨大的、10亿级起步的销量。

这个竞争终局一旦确定，很多的营销办法就随之确定了。首先，强化"美妆"与"中国古典美学"的产品关联性研发，推出系列的国潮风感觉的产品。其次，要想做一个10亿级的市场，只有传统渠道和电商能够支撑这个销量，而传统渠道的竞争难度非常之大，<u>只有电商存在这样的竞争机会</u>。因此，<u>重仓电商线上渠道，把所有的流量都引入店铺</u>。做完这两件事情，剩下的就是如何能够实现这些事情，随之而来的一些推广动作，都是奔着这个目标去实现，这就有了今天的花西子。

我们再举一个小一点的例子，适合个体创业者的。微山湖是北方最大的淡水湖，物产丰盈，日出斗金，微山湖的咸鸭蛋久负盛名，享誉华夏。但缺点是，微山湖这个地方的知名度不够高，产品推广压力太大，对于当地企业来说，这种项目应该如何去破局？如果还是用传统的老路子去做竞争，一定没有什么优势，京东、天猫已经被高邮咸鸭蛋承包了，再去投直通车、快车无异于以卵击石。在没有专业的电商人才的条件下，通过传统的办法去竞争，实现性几乎没有。

所以，还是回到那句话：要知道商业项目的竞争终局在哪里。对于一个当地的特产企业来说，这种竞争终局是由几个关键点来支撑的。第一，市场的需求。第二，自身的产能。第三，营销的推广方式。第四，实现目标的商业路径。

我们可以这样分析，京东、天猫这样的电商平台，本身的竞争就是非常激烈的。咸鸭蛋作为易耗品，其实成本已经被压榨得特别低，实际上电商平台所售卖的产品很难能够达到"好吃"的要求。再一个，由于咸鸭蛋的特殊性，不做高温灭菌的产品很难能够做到长保质期，而高温高压的灭菌一定不是湖区最好的风味。

那么，能不能用"短保"的角度提供一个产品？能不能把咸鸭蛋的保质期做到15天，让消费者冷藏保存？市场需求肯定是有的，有短保的产品用户肯定不希望吃长保的产品。第一个问题，市场的需求解决掉了，第二个问题，产能有多大？特产企业的产能基本都不会太大，每年服务3万个客户，每个客户每年贡献500元，就是1500万元，这显然是一个了不起的成绩。比起在京东、天猫线上的竞争，直接营销终端用户，显然是一个更合适的路径。

这就是竞争终局，那么我们就可以定义一下这类特产企业的竞争终局，"<u>为部分用户提供短保的、高品质的咸鸭蛋，把有限的产能给更高要求的客户提供服务</u>"。营销目标就是让3万个客户每年在这里消费500元，想清楚这件事情，很多问题就迎刃而解。

具体应该怎么做呢？需要做的事情很简单，就是把整个的生产过程和产品质量，通过某些平台向用户做具体展示，只要你展示的内容让用户相信，那这里就会有很大的机会实现这个目标。

在哪里和用户见面最快捷？<u>当然是抖音、快手这种短视频平台，</u>

特产企业可以通过短视频、直播的方式，不断地向用户展示产品的质量和生产过程。这个项目有两个关键点：第一，产品质量一定要好到能够支撑复购，一定要严把产品质量关。第二，一定要不断坚持通过推广手段去获得新的用户。也就是说，增长飞轮就是"产品质量""用户增长"。只要坚持不懈地做这两个动作，就会很快取得营销的突破。最后，从闭环的角度来说，可以使用抖音小店、快手小店来实现承接，如果有能力做一下电商，也可以把这些购买流量引入淘宝，因为这种流量的进入，会让公域流量给店铺匹配更多的流量，产生更大的销售。

这种营销方式，几乎很大程度地化解了营销成本的困局，但关键是，一定要清楚"竞争的终局"在什么地方。一个小食品加工厂，能够服务 3 万个客户，每一个客户每年消费 500 元，是非常现实的目标。想清楚这个道理，我们就不用整天找渠道推广产品了。

当然，这只是一个比较简单的例子，从营销的角度来说，要实现 3 万个客户目标也并不是容易的事情，因为这里还涉及大量的营销的基本逻辑。例如，要做什么样的人设，才能让客户更相信我们？短视频应该怎么拍，才能够推动销售？但无论如何，想清楚竞争的终局，目标就是清晰的，就具备更多的实现价值。

与其到处串联资源，不如想清楚竞争终局到底在哪里。

3."复利效应"是最关键的思考点

对于个体创业者,最关键的思考点就是"复利效应"。

我们应该如何去理解"复利效应"?简单地说,就是不断地重复叠加某一件事情,让自己的企业不断在这个方面取得提升,这才是最核心的竞争优势。

举个例子来说,在到底是用淘宝店还是用抖音小店承接销售这种问题上,<u>如果有条件,一定要选择引流到淘宝店,无论是直接链接还是通过品牌溢出的方式间接链接</u>。因为相对于抖音小店,淘宝店一定是有更强的"复利效应"的,强大的公域流量作为后盾,积累得越多,客户的评价越多,相信我们的客户就越多。而抖音小店本身的"复利效应"就不明显,因为抖音本身是一个偏内容娱乐的平台,很难能支撑零售的累积。

什么事情最具"复利效应"?很显然是直接针对C端的事情。对于大部分的中小创业者来说,TO B的生意很难做到复利,因为只要有了更好的、性价比更高的替代品,B端马上就会做出改变,而C端一旦选择接受了这个产品,就会带来很好的评价和长期的复购。

举个例子,是把咸鸭蛋卖给100个终端客户,每一个客户购买一箱好,还是一个集团客户一次采购了500箱员工福利好?很多企业会觉得福利采购简单省心、量大,但这种采购明显不具备"复利效应"。今年采购你的,明年采购谁的还不好说,而这100个终端客户却极有可能会始终支持你、相信你，持续不断地购买你的产品。

当然不是说不主张做福利采购，但对于企业来说，瞄准自己应该去的方向，然后顺手做点福利采购是很好的，怕就怕因为这种事情好操作、销量大，就把大部分精力放在这个上边，这显然是不可取的。现在的竞争环境越来越激烈，TO B 的生意已经越来越难做了，而且 B 端渠道的消费力和消费人群都有了明显的下滑，因此，尽早地实现对终端用户的营销才是王道。

要点总结

站在新网红品牌的角度，个体创业者必须要思考的问题是真正地认知当下环境，想清楚竞争终局，知道营销闭环的打造。只有这些问题思考清楚，才能真正用新网红品牌的方法论去武装自己。在这些底层逻辑之上，才是 IP 定位、产品定位、营销推广方式等一系列的问题，因此，花点时间想清楚要做的事情，要比花点时间到处尝试的价值大得多。

私域流量与公域流量

不知道从什么时候开始，公域流量和私域流量就成了人们热议的一个话题，对于很多中小企业和创业者来说，把用户圈在了自己的私域流量里，就有了安全感。但事实真的是这样吗？在这一小节里，我们就公域流量和私域流量进行深入的探讨，重新讨论一下应该如何定义公域流量和私域流量，以及什么样的产品适合做公域流量，什么样的产品适合做私域流量。

1. 从营销目标的角度，应当如何定义私域流量？

在讨论这个问题之前，我们先来看一个案例：一个消费者在一个品牌淘宝店里买了一瓶沐浴露，过了一个月之后，他觉得这个沐浴露很好，于是又来买了一瓶。又过了几天，他和朋友讨论起来这个问题，又把这一款沐浴露推荐给了朋友，并且他的朋友成功下单购买。问题来了，对于这个品牌来讲，这个消费者是公域流量还是私域流量呢？

如果说他是私域流量，这个人却没有参加任何品牌方的社群，他并没有被品牌方圈到一个固定的环境里。如果说他是公域流量，那么他起到的应该是一个私域流量应该起到的购买、传播、分享的作用，一样不落下。

所以说，我们很难从某一个特定的角度来定义公域流量和私域流量。从市场营销的维度来看，公域流量和私域流量没有明显的区隔。在这个案例中，我们其实只需要强调一点，是优秀的产品力决定了这个消费者愿意把这个产品分享给更多的人，这种分享实际上已经超过了品牌方对用户的预期，这是一个私域流量"铁粉"才有的表现，但奇怪的是，这个"铁粉"竟然不在任何社群里。

我们也可以从另外一个角度来讨论，就是如果品牌方把这个"铁粉"拉到自己的社群里，这个人还会这样去给用户分享产品吗？或许会，或许不会。这个案例告诉我们，只要用户愿意购买你的产品，他在不在你的私域里边其实并不关键。

事实上，我们绝大多数人都是这种想法和心态，也正是因为如此，从产品零售的角度，我们很难对私域流量有一个明显的界定和定义。

2. 为什么以社群为代表的私域流量很难成立？

社群电商是典型的私域流量经济，从社群电商兴起的2017年到现在，除了短暂的高峰期之外，已经迅速在走下坡路（社区电商、社区团购除外，因为基于地理的社群是另外一个生意模式）。

在这里，我们要讨论一个核心问题：作为品牌方，我们要和用户建立的最理想的关系是什么？

答案很简单，就是当用户想要购买这类品牌的产品的时候，第一个想到的就是我们，然后他会迅速地找到这个产品的购买场所，完成下单、付款、坐等收货。

这是最良性的客户关系，也是最难的客户关系。在这套链路里，有几件事情很关键，就是如何在用户的心智里建立"第一"这个位置。本书对此已经有了详细的论述，此处不再赘述，这是一套品牌和定位逻辑，也是中小企业去竞争的基础逻辑。除此之外，还需要有一个固定的经营场所，这个经营场所最好是淘宝、天猫或者京东，因为这些场所符合用户的购买习惯。能完成这两件事情，我们就可以和用户建立最简单的关系，这个关系就是"想起来就买，买了就走"。

正是因为很多品牌方很难完成这两件事情，才想着去建立一个以社群为构架的销售场所，并且通过这个社群和用户建立直接联系，希望用户能在购买的时候第一时间想到自己的品牌。

这种办法虽然简单有效，但却存在以下两个天然的弊端，导致以社群为代表的私域流量很难成为商业的主流。

◎ 天花板太低

单纯以社群的方式来进行产品销售，这是非常耗费人力的。做过社群的都知道，社群的维护成本是极其高的，一个五个人的小组，可能同时维护十几个群就非常吃力，一旦形成社群，社群的管理、活跃度等方方面面都是很大的问题，而维护这些工作需要的人力非常大，单人产出成本并不合适。

有人说，可以通过代理的方式实现社群的建设。但代理，又会带来新的问题，代理五花八门、良莠不齐，<u>如何能够让这些人同说一句话、同做一件事、同喊一个口号？如果不是自营体系，更是难上加难。</u>当然，并不排除有做得很好的企业，但一般意义上，这种事情复制的难度非常大。

◎ 产品线不够丰富，促销太伤价格体系

无数案例表明，社群是一个典型的无利不起早的组织，如果没有足够的好处，是很难吸引人在社群里的。换而言之，社群电商的本质和直播电商一样，也是一个促销电商，如果没有促销、没有活动，是很难支撑一个社群长期长足发展的。而对于大多数企业来说，经营单一产品或者单一产品线，很难满足这样的需求，因为促销必然会使产品价格体系受到损害，并且长期促销就会让用户觉得促销价就是正价，得不偿失。

3. 如何正确理解私域流量？

对于企业来说，应该如何正确理解私域流量呢？我们可以给私域流量下这样的一个定义：只要是和品牌建立了某种关系（直接关联的或者间接影响的），这些流量或者用户都可以被看作是私域流量。只不过，针对不同的产品营销方式，我们唤醒这些私域流量的方式并不一样，或者说，针对不同时期阶段性的营销动作，采取的对私域流量的营销方式并不一样。

所以，所有的营销动作，无论是公众号、抖音、快手，都应该是从品牌认知的角度出发，让用户在想购买类似产品的时候第一时间想到我们的品牌。至于说社群，那就应该是阶段性的营销工具，一旦目标达成，即可完成使命。

可以这样说，所有想在社群里做产品推广的企业，都是公域流量课程没有上好的企业，就像上文讲的那个小案例，是典型的产品力推动公域流量具备了私域流量的特征。因此，对于绝大多数以产品经营为目的的商业行为，社群都不是最好的选择。

而社群作为一种线上营销工具，它适合做什么样的产品经营呢？答案也非常简单，<u>社群适合高黏性产品的销售，这类产品的销售必须要有人参与，只要有人参与，这类产品就适合做社群</u>。销售人员的朋友圈＋社群，就是营销的最好武器。也就是说，产品必须要有一些服务性质的属性，或者直接卖的就是服务，这样的产品才适合通过社群内的方式进行推广，而且不伤害价格。

举个例子，这两年很火的理疗、小儿推拿项目，是典型的非常适合社群推广的项目。或者说，传统的这种店因为有了社群电商，建立了私域流量，会让生意变得更好。在这种商业生态里，朋友圈、社群、直播作为工具，能够很好地为产品赋能，这种私域流量和用户的关系绑定得非常紧密，能起到事半功倍的效果。

◯ 要点总结

如何正确理解私域流量是现在很多创业者的困惑，请大家一定记住，私域流量不一定是社群。社群的营销价值天花板太低，所有的粉丝都是你的私域流量，让粉丝购买，就是私域流量最好的经营结果。

 新网红品牌

个人 IP 的增长飞轮

我们在前两节的内容中,重点阐述了现在的营销环境对个体创业者的要求,也谈到了个体创业者应该如何选择私域流量和公域流量,在这一节里,我们具体讨论一下新网红品牌的方法论应该如何在个人 IP 的打造过程中得到应用。只要方法和路线清晰,打造个人 IP 就不会是一件困难的事情。

我们讲"锦囊妙计",妙计通常会装在锦囊里。对于个体创业者来说,在开启自己的创业之路之前,有几个东西是必须要准备好的,只有把这些东西准备好,才能让自己的创业之路走得更加顺畅。

1. 清晰的定位(价值输出)

做个人 IP,要必须清楚地知道个人 IP 的价值是什么,没有人对你本人感兴趣,大家感兴趣的只是你的专业解决问题的能力。

对自己的描述一定要清晰,因为如果没有办法让用户第一时间了解你,知道你是干什么的,实际上就丧失了很多的销售机会。这个问题不仅仅是对个体创业者而言,很多的大企业也没有想清楚。清晰的

定位，要求最好用 10 个字左右的句子，能够清楚地表达你能给用户带来的价值。例如，做农产品的可以说"大凉山 2000 亩优质苹果基地"，做化妆品的可以说"十年坚守，专为解决敏感肌肤问题"，一定要简单明了，直击痛点。

这句话要反复地在你的微信、公众号、抖音、直播的背景上出现。不断地强化消费者认知。当然在这个基础上，如果你有能力打造一些拟人化的 IP 形象，就会起到更好的效果。拟人化的 IP 形象，会让用户对你的认知更聚焦。例如，重庆有一个小伙子种血橙，他把自己的品牌叫作"李小橙"，就非常好。当然只有"李小橙"是不够的，因为用户了解不到"李小橙"的血橙为什么好，必须给"李小橙"一个更好的定义，例如，"李小橙，十年坚守渝南血橙优质产区"就形象具体得多。

2. 优质的产品力

优质的产品力一定是核心中的核心。未来的商业环境，一定会把很多浮夸的东西统统扒得干干净净，因此，靠花里胡哨的包装去坑蒙拐骗的日子已经没有了。

我们对产品和服务的要求，最起码要做到用户体验非常好，我们不奢求用户一定要帮我们分享、转发、点赞，但最起码一点，客户购买了之后有复购的想法，或者当他想复购的时候第一时间能想到我们的品牌，能够达到这个要求的产品才可以说是合格的产品。未来的商业，由于传播越来越短，无界零售越来越发达，很难再去制造渠道壁垒强迫消费者。因此，获客成本会越来越高。优秀的产品不但能够帮助我们把客户留住，还能制造一些客户主动分享传播的机会，这是非常关键的核心要素。

3. 一个完整的闭环逻辑支撑的增长飞轮

从经营产品的角度来说，个体创业者一定要学会找到一套完整的闭环逻辑，来支撑自己的销售。我们在之前的内容中已经讲述了，不能去做商业流寇，不能做商业流寇的要求就是我们不能把现在各种类型的零售业态割裂来看。因为一旦割裂，就是"流寇"的本质。所以，<u>一定要很好地考虑一个完整的商业闭环，来支撑自己未来的发展</u>。对于大多数创业者来说，流量的红利都是很难获取的，因为流量的竞争都是越往后越激烈，成本也越高。

我们对完整商业闭环的最终要求，就是"复利效应"。无论是在电商平台，还是在新媒体平台的小店，只要评估之后认为这个平台承接是复利的，即可完成商业闭环的建设。并不是说只有电商平台有"复利效应"，因为有的时候这种"复利效应"也是阶段性的，如果能够在新媒体平台上建设"复利效应"，效果要比电商平台更直接，也是很好的选择。

在完成了精准的营销定位，建设好完整商业闭环之后，有三件事情非常关键，也可以被称为支撑个人网红 IP 的增长飞轮。这三件事分别是优秀的内容能力、不断的客户沉淀、坚持不懈的持之以恒。

◎ 优秀的内容能力

从产品销售的角度来说，要尽可能地提升内容质量，如果暂时做不到，也要输出直接内容。用户就是这样，你不断灌输同样的内容，久而久之，他就会相信你有这样的能力帮他解决问题，所以，抛开形而上的广告思想，取而代之的是直接明了的内容思想。这种内容，一定要通过短视频、直播的形式不断强化。

◎ 不断的客户沉淀

客户沉淀是随着推广工作慢慢积累的，客户沉淀一定要在能够产生"复利效应"的平台上进行。只有这样，未来才有机会实现指数级增长。

◎ 坚持不懈的持之以恒

我们要从两个角度解读这个坚持不懈。第一，自己坚持不懈，就是一种精神；第二，只有坚持不懈地输出精准内容，才能坚持不懈地影响客户，才能让客户更加相信你能帮他解决专业问题，从而取得业绩的快速增长。

新网红品牌

要点总结

个人IP是未来个体创业决定性的关键因素，只有深刻理解个人IP的道理，才能在创业路上不走弯路。个人IP和网红品牌的底层逻辑是一样的，有人设不是IP，有内容、有产品、有营销回路，才是一个完整的商业IP。加之正确的营销办法、持之以恒的努力，才会获得营销的成功。

BRAND

- "网红"不仅仅是一种现象，还是一种思想，更是一种全新的商业形态。
- 对于未来的新品牌来讲，一定要抛弃"渠道思维"，直接建立"零售思维"。
- 在未来三五年，内容能力将会成为企业最为硬核的竞争力。短视频的流量不取决于人民币，而取决于内容能力。
- 任何流量都有基因，基因决定了这些流量在营销体系中的位置。
- 直播和直播带货是两件事情。直播可以作为企业常规的推广手段，但大面积的带货会给品牌造成比较大的伤害。
- 直播电商如果没有平台电商做回路支持，永远都会是短路的商业模式。
- 未来品牌附加值的建立，唯一有保障的路径，就是超级的产品品质，带来优越的用户体验，并因此形成复购。

上架建议：营销管理

ISBN 978-7-5505-1675-5

定价：68.00元